享受蛻變

駕馭人生變化的順應力

〈郝聲音〉主持人
暢銷作家／企業講師
郝旭烈——著

蛻變不是突然乍現，
蛻變總是慢慢浮現。

若過程本身就是結果，
那隨時都在開花結果。

享受過程，
就是功成。

郝旭烈

各界讚譽

「謝謝郝哥用他生命中的三變體會（改變、應變、蛻變），配合致富三杯茶（覺察、觀察、洞察），與人生三為（認為、作為、成為），幫助大家成為自己的伯樂，享受每一個樣子的自己。」

——**王永福**｜F 學院創辦人、企業簡報與教練教練

「郝哥對我來說如同行動圖書館，遇到任何問題，都能精準擊中並給予毫無保留的解決方案。畢竟人天生害怕『改變』，像是〈品味人生〉的案例，深深地敲了我腦袋一下，驚覺『與其懂拚，更要懂品』。謝謝郝哥給我們這麼棒的書。」

——**老獅說 Lion**｜知名商業短影音教練

「如果你覺得人生很難，生活很苦，邀請你閱讀郝哥新書。你會明顯覺察，從文字中找到光亮，從故事裡開始回甘。」

——**吳家德**｜NU PASTA 總經理、職場作家

「別只是被動承擔各種變化，變化反而是主動成長的契機。郝哥新書《享受蛻變》告訴我們主動成長的流程：『喔！有變化喔！』（感受）→『好吧！就這樣吧！』（接受）→『哇！這樣還不錯耶！』（享受）——這不只是心裡轉個彎，更是讓我們人生勇往直前的不二法門。」

——**邱茂恒**（查爾獅）｜定方財務顧問共同創辦人 / 作家

「郝哥總能用淺顯易懂的人生小故事，帶出讓人醍醐灌頂的人生大道理。誠摯推薦郝哥這本最新力作，一起『享受蛻變』！」

——**洪哲茗**｜定方財務顧問共同創辦人 / 作家

「郝哥說的故事總是那麼地平實且溫暖，適合在夏日雷陣雨的午後，沖杯咖啡，好好的慢下來享用。也適合在失眠的夜晚，點支薰香翻個幾頁。」

——**張修修**｜YouTuber、Podcaster

各界讚譽

「感受改變、接受應變與享受蛻變，正是『臣服』與『創造』的最高體現。曾經我也抗拒改變，卻在擁抱變化後，迎來持續蛻變的自己，才有和郝哥、好機緣的更多遇見。透過本書，邀請你加入享受蛻變的行列。」

——**洪培芸**｜臨床心理師、作家

「一如既往的豐沛文采，人如其名，總帶著對生命的炙熱與真誠。能活在這個與郝哥相遇的年代，是一種難得的幸福。因為總有這麼一個人，願意為他人的生命點亮一盞燈，提醒你——**你的人生，遠遠不止如此。**」

——**黃晨皓 Kim**｜「阿金！人生進化中」主持人

「郝哥是我的人生典範，此書可看到他在不同階段的變化過程，愈變愈好。你會從他的故事中學到經驗、並找到不斷變化的意義和樂趣。」

——**愛瑞克**｜《內在原力》系列作者、TMBA 共同創辦人

「悟人生『善變』者，能善終！驚見郝哥以其詼諧筆觸，道出人生『善變』的真諦，讓你我在『三變』的迷途裡，守得雲開！」

——**楊斯棓醫師**｜《人生路引》作者

「有『破』才有『立』！從改變、應變到蛻變，也是從追求卓越到自我超越，更是從小我、大我到無我！」

——**葉樹姍**｜資深媒體人

「蛻變，正是心理成長的真實寫照。郝旭烈以細膩觀察，帶領我們理解改變的焦慮、應變的掙扎，直到蛻變的釋懷。正如書中所言：『從感受到接受，從接受到享受，從改變到蛻變，從蛻變到綻放。』人生三變，心境方安，幸福原來就在轉念之間。」

——**蔡宇哲**｜哇賽心理學創辦人兼總編輯

「練習不確定，才能享有真自由，未來的你不變就等著淘汰，只有『享受蛻變』才能羽化成蝶，享受豐收果實！」

——**鄭俊德**｜閱讀人社群主編

CONTENTS

PART 2

|二變|：接受應變——是選擇的必然

PART 3

|三變|：享受蛻變——∘是成長的當然

前言

享受蛻變：
「善變」人生，善待「三變」

時間，是一件非常奇妙的事情。

不論是否感受到時間存在，他就是慢慢地帶著世界在「改變」；

不論是否接受到時間影響，他就是慢慢地帶著世界在「應變」；

不論是否享受到時間力量，他就是慢慢地帶著世界在「蛻變」。

感受改變：是規律的自然

還記得很小的時候，電視台只有台視、中視及華視的那個年代，電視裡除了卡通影片以外，所有節目裡出現的男女，都是心目中的偶像。

常常看著電視劇或綜藝節目裡的明星，男的英姿颯爽、女的亮麗動人，小小的腦袋瓜裡，總覺得他們是凍齡的一群。

還記得我曾經操著稚嫩的口吻，問著大人們說：「這些明星們會永遠這麼帥、這麼美嗎？怎麼感覺他們一直都不會老啊？」

是啊，小時候總覺得時間過得特別慢，引領期盼了半天，才終於等到了穿新衣、戴新帽的新年時節。

每天除了上學、吃飯、寫作業、睡覺，就是殷殷期盼著過年、過生日、放寒假以及放暑假。

幾乎無法感受，時間帶來的改變。

接受應變：是選擇的必然

直到慢慢從小學、中學、高中到大學，在日以繼夜緊張的功課壓力，和焚膏繼晷補習苦讀，看似一成不變生活之下，覺得度日如年的時間過得仍緩。

但轉眼之間，月考接著期末考，高中聯考接著大學聯考，就在一連串的書本與試卷的日換星移之中，突然驚覺電視裡的俊男美女，也已一代換了一代。

記得那個時候，每當考試不如預期，心灰意冷，同學之間雖然互相打氣，卻也偶爾忍不住抱怨兩句：「這樣的生活，什麼時候才是個頭啊？」

還好生命中，總有些看似一成不變以外的變化，給成長的日子帶來了一些回顧時的意外之喜。

不管是舅舅、好友或隔壁大姐遞給我的金庸、瓊瑤、倪匡、琦君、小野，或三毛、席慕蓉這些從未謀面的心靈之交。

又或者是從小學開始，一路不斷伴隨著我到大學西餐廳駐唱的〈龍的傳人〉、〈恰似你的溫柔〉、〈廟會〉、〈外婆的澎湖灣〉，以及〈月琴〉、〈散場電影〉的民歌歲月。

似乎開始接受，生活帶來的應變。

享受蛻變：是成長的當然

從學校走入社會，從單身走向家庭，從為人子到為人父，從職場的新鮮人到一路為了功成名就而攀升的各種耀眼職稱，時間似乎在忽快忽慢之間，瞬間飛逝。

「好久不見，你都當爸爸了啊」
「好久不見，小孩都上學啦」
「好久不見，孩子都結婚了啊」
「好久不見，你都已經當阿公了呀」
「好久不見，轉眼之間都退休了」
「好久不見，沒想到再也見不著了」……

原來慢慢地才知道，生命除了有起點、有中點，更有終點。

而這所有的一點一點，都在不斷地改變和應變當中，讓自己跟著悄悄蛻變。

活著，以為很長，其實不長。

還好生命中，總有些陪伴，再回首時會讓自己有來過一朝的溫暖。

就像校園民歌的傳唱，轉眼之間已到了「民歌五十」的路口。

有人問我會不會有「民歌六十」、「民歌七十」，甚至「民歌八十」？

我說：「那很重要嗎？」至少，我們曾經有過那段一起歌、一起唱的民歌歲月。

終於懂得享受，生命帶來的蛻變。

其實
人生總是「善變」，
人生總有「三變」。

感受改變，是規律的自然；
接受應變，是選擇的必然；
享受蛻變，是成長的當然。

從感受到接受，
從接受到享受。

從改變到應變，
從應變到蛻變。

懂得享受，
懂得蛻變。

幸福人生，
享受蛻變。

PART.1

一變：

感受改變

是規律的自然

1

感受改變

我可不可以不要改變？

◆◆◆ **主要觀念** ◆◆◆

從來不缺改變
缺的只是看見

每年的最後一天，都是大家迎新送舊準備跨年喜氣洋洋的一天。

2024 年的最後一天，和久未謀面從國外回來的好友，特別約了開心的下午茶好好認真的聚聚。

前兩年的這個時候都是暖冬，比較沒有過年的氣氛。反觀 2024 這一年，從 12 月中開始就接連的持續降溫，改變了過去幾年認知上的慣例，也讓耶誕節連接到新年這段期間，增添了些許應該有的節慶氣氛。

好友難得回來一次，特別選了家雖沒去過，但是有網紅推薦的精品咖啡廳，網路上近千人的評價，幾乎都是 5 分滿分，心想應該不會踩到地雷。

咖啡廳內輕快活潑的 Bossa Nova 音樂，配上精品咖啡氤氳不絕的繚繞，似乎也把友情的味道舞動得滿室生香。

我們各點了一杯黃金曼特寧和日曬耶加雪菲，還加了兩個聽說很厲害的可麗露，很閑散地開啟了咱們固定沒有主題的天南地北瞎聊模式。

好友啜了一口曼特寧，然後問我說，在過去這一年，有沒有感受到自己有什麼特別不同的改變？

我想了一下，喝了一口眼前溫熱的耶加雪菲，笑著對他說：「這還真是個在歲末年初的好問題。」然後告訴他……

好像沒什麼改變，
好像又一直改變。

如同歲月一樣，每天似乎都在過同樣的日子，年紀就一分一秒的增長，人生就一點一滴的成長。

文章同樣的寫、演講 / 課程同樣的上、郝聲音 Podcast/News98 電台主持同樣的錄、書本同樣的讀，看起來都是所有的「同樣」，好像沒什麼改變。

但是寫得多了、講得多了、錄得多了、讀得多了，甚至因為這些「多了」，讓我接觸的人也多了，看起來這些「多了」，好像又有許多的改變。

突然又想到了，兩本由天下文化於 2023 年出版，彙整出查理 ·蒙格（Charles T. Munger）歷年在股東會上談話的著作：《蒙格之道》與《蒙格智慧》。而翻開兩本書的封面，都有著同樣的一句話：「每過完一天，要努力比早上醒來時，更聰明一點點。」

就算一點改變，
也是一種改變。

原來
從來不缺改變，
缺的只是看見。

好像沒啥改變，
其實一直在變。

接著好友又問我，接下來的一年，有沒有什麼特別偉大的計劃？

我想了一下，喝了一口眼前溫熱的耶加雪菲，笑著對他說：「這還真是個在歲末年初的好問題。」然後告訴他……

好像沒什麼計劃，
好像又一直計劃。

很多一直做的事情，就一直在做，但總會做著做著，又冒出一些新的事情想做。

時間走著走著，有些原來在做的計劃，就決定不做了；有些新的事情則變成了新的計劃。

總是有些計劃來，
總是有些計劃走。

至於計劃是不是「偉大」？我告訴好友，這個問題可把我難住了。

如同每個人都能夠「活著」，就是件偉大的事情，但是「活著」的偉大，不是計劃來的，而是真正「活」出來的。

如同當初計劃錄製「郝聲音 Podcast」，也沒有覺得什麼好偉大的，就是覺得有意思。

但是做著做著，到了好幾百集之後，這種成就感，好像也就有點偉大的意義了。

很多時候，「有意思比有意義來得重要。」

或許先要有意思，
然後才會有意義。

接著好友又問我，接下來的一年，有沒有什麼特別願望的期待？

我想了一下，喝了一口眼前溫熱的耶加雪菲，笑著回說：「這還真是個在歲末年初的好問題。」然後我告訴他……

好像沒什麼期待，
好像又一直期待。

其實在那個當下，這樣子和他喝咖啡聊天就是我最好願望的期待。

因為，我只是很簡單地專注在眼下的耶加雪菲，以及和好友的相聚之美……

不被過去遺憾綁住，
不被未來恐懼困住。

感受眼下，
感受當下。

突然想起兩句話：
小時候快樂很簡單，
長大後簡單很快樂。

不管是改變也好，不管是計劃也罷，只要一點點往前，就會感覺非常的簡單，就會感覺能夠輕易做到。

然後真正一旦做到時，就會感覺非常快樂，接著就讓自己可以有動力繼續的往前、繼續的做到、繼續的快樂。

而當「做到」和「快樂」，幾乎是同時發生、一直發生，持續發生的時候，那麼就不會掛念過去的遺憾和未來的恐懼，就能夠感受當下的幸福。

就像我喝著耶加雪菲，看著、感受著有朋自遠方來，當下不亦樂乎的喜悅。

簡單改變很快樂，
簡單計劃很快樂。

因為隨遇，
所以而安。

因為自在，
所以安在。

簡單快樂，
快樂簡單。

思考練習

回想自己過去這一年，身旁的人、事、物有哪些不同的改變？有哪些是顯而易見的改變？有哪些則是過程感受不到，但回首時才發現，有了好多的不同？

2

突如其來

拖延有這麼嚴重嗎？

◆◆◆ **主要觀念** ◆◆◆

別讓突如其來的變化
成爲拖延漠視的惡化

轉眼之間，從小學畢業也將近四十多年的時光，「時光荏苒、歲月如梭」，兒時常用在作文裡的兩句話，現在不只是掛在嘴上，更是親身經歷的心有所感。

感謝社群媒體的方便，讓我們這群小學同班在一起快樂度過時光的孩提玩伴，還有機會在線上，讓大夥兒隨時想聯繫，就可以輕鬆的聯繫。

雖然，線上聯繫有其方便性，但是總感覺見面的溫度還是更勝一籌，所以趁著大家有空的時間，我們就彼此吆喝一聲，回到老家台中后里，辦了場小學同學會。

既然回到了老家，也不忘一起去看看陪伴我們小學多年的國小老師，天南地北的聊著年少無知的種種蠢事還有趣事。

大概是太久沒有看到我了，許多老同學見著面的第一句話，幾乎都是……

「你現在怎麼變得這麼苗條？」

「還記得你以前就是胖乎乎的模樣。」

「對啊，你小時候真的是胖喔。」

「那時候圓嘟嘟的你和現在差好多啊！」……

胖嘟嘟啊、圓乎乎啊、肉登登啊，這些形容詞幾乎跟了我好長的時間。

不過大家同學不知道的是，我的胖不是打從娘胎出來就天生的胖，而是後天一場意外的突如起來所造成。

記得大約是五、六歲的時候，在宜蘭爺爺奶奶家過年，沒想到竟突然犯病，感冒、咳嗽且不斷發燒。

那時過年所有醫院都沒有營業，也臨時找不到急診醫生，故而讓我的病情在好好壞壞之間，過了一個不是很安穩的年。

沒想到，最後竟然在併發支氣管炎的狀態下，不知怎麼的變成了過敏性氣喘。

就這樣，原來認為只不過是個突如其來小小的生病，看似生活中不大的改變，結果卻讓我、母親，還有家人，日後不斷和這個氣喘周旋了長達十多年的時間。

過敏性氣喘一旦發作，每次幾乎都是上氣不接下氣，彷彿一口氣接不上來，人就要走了的痛苦感。

所以，各種不同突如其來的急救，又或者是長達多年的皮下注射、長年期的藥罐子，以及最噁心麥芽糖炒雞蛋的民間偏方，我幾乎都嚐了個遍。

期間不僅體力下降，再加上擔心劇烈運動造成的氣管收縮，還有用藥裡的類固醇，因而讓我身材變胖變圓，也只不過是剛剛好的結果。

此外，類似麥芽糖炒雞蛋的這種偏方，高碳水、高熱量，在那個物資不是很豐富的時代，也可以把我給養的一身肉嘟嘟。

曾經聽到醫生對我媽媽說，如果在過年那段時間能夠早點帶我看醫生，或許就不至於變成過敏性氣喘這麼辛苦了。

難怪，後來每當聽到電視廣告裡面說，所有的疾病都不要拖「早點發現，早點治療」時，我都特別感同身受。

別讓突如其來的變化，
成為拖延漠視的惡化。

類似場景，竟然多年之後又發生在我年邁的母親身上。

大概在三年多前，母親從竹南去台中照顧姥姥，也就是我的外婆，一不小心在攙扶的時候，讓我母親她自己傷了腰。

覺得沒啥大不了的母親，就自己當醫生，展開了有一搭沒一搭的自我療癒之旅。

「雖然疼痛，但還過得去。」母親總這麼說。

就這麼看起來沒有多大變化的變化，讓我母親在三年時光裡，腰背越來越駝，幾乎是傾斜 30 度的鞠躬狀態。

直到有天突然下半身神經疼痛得受不了，到醫院急診，才發現脊椎因為過度彎曲，而需要進行手術治療。

這時候母親才知道，原來以為每天小小的「過得去」，累積起來終究有一天會「過不去」。

別讓過得去的變化，
成為過不去的惡化。

萬幸的是，母親給予的治療是屬於微創型手術，沒有傷筋動骨的痛苦。

而也因為這樣子的經驗和教訓，當醫生告訴母親在康復之後要好好進行重訓時，她才真正把它當回事的放在心上。

我也藉著這個機會算了筆帳給母親，讓她衡量衡量，到底把錢花在健身房比較好？還是花在醫院手術上？甚至是未來如果更嚴重，還需要請看護來照顧的費用比較好？

母親聽完之後，牙一咬、心一橫，開始了她在 78 歲的年紀，踏入健身房的復健、增肌之旅。

雖然母親也會擔心，到底這樣子的復健之路會不會花很長的時間。

但我告訴她「冰凍三尺，非一日之寒」，更何況她的背疼也不是一朝一夕造成的。

同樣的，只要有耐心慢慢健身，身體就有機會越來越好。

飯總要一口一口吃，
路總要一步一步走。

令人欣喜的是，不僅健身房就在家裡的附近，陪伴的教練更是專業、溫暖、貼心又細心，讓母親卸下了恐懼的心防。

再加上健身房裡又遇上幾個一起運動的老大哥、老大姐們，讓母親就這麼不小心的讓健身變成每天串門子的快樂例行活動。

才不到短短的半年時光，幾乎完全改善了駝背狀態，還因為運動量大，飯量增加，體重也上升了5公斤。

變化未必突然乍現，
變化也會慢慢浮現。

早點發現，
早點應變。

別讓變化，
成為惡化。

思考練習

有沒有曾經遇過生命中的「小事情」，因為覺得「過得去」，就放任不管而造成後來「過不去」且處理困難的經歷？
試著思考看看，如果再遇上同樣情況，自己是否可以有不同的選擇和面對方式？

3

有樣學樣

我是怎麼變成這個樣子的？

◆◆◆ **主要觀念** ◆◆◆

年輕時候學個好樣子
年長之後留個好樣子

記得在大陸工作的時候，有次幾個同事到一位年輕帥哥夥伴家去參觀他的新房，也順便聚聚餐，聯絡一下大夥的感情。

這位年輕帥哥和他夫人是大學同學，結婚將近五年，也有了個四歲漂亮的小女兒。

那天，他們小女兒看著這麼多的叔叔、伯伯和阿姨們來到家裡，也異常的興奮。

小公主陪著媽媽、爸爸，學著跟著拿拖鞋、倒茶、遞水果，熱情可愛招呼客人的模樣，完全不亞於她的父母。

這也讓我們所有夥伴們，看著小女孩，然後紛紛舉起大拇指，對著她父母倆用心的教養真心稱讚，溢美之詞不絕於耳。

當大家目光都關注在這小女孩身上時，她突然間撿起了一個地上的糖果紙屑，用手高高地舉起來，朝她前方將近 2 公尺的垃圾桶給丟了過去。

一看，就知道是模仿老爸平時訓練有素的「投籃」姿勢。

果不其然，在我們萬眾期盼的驚訝及驚呼聲中，她……落空了。

「唉……喔……」正當我們所有人小小聲地發出遺憾感嘆的時候。

竟然從這個小美女的嘴巴，用非常稚嫩清脆的聲音，說出了一個國際通用的英文單詞：「Shit ！」

所有人聽到之後，幾乎都瞬間怔了一下，然後就是此起彼落的爆笑聲。

這時，我們的帥哥露出了極度尷尬的表情，而他的夫人則沒好氣的對他說：「看到了吧，是不是跟你一個模子刻出來的一模一樣？

不要以為孩子不懂，她有眼睛會看，她有腦袋會學。

在孩子面前說話行為小心點，他們啥都不懂，就是懂得『有樣學樣』。」

接著就看到我的帥哥年輕同事，抓著後腦勺，對著我們傻笑，一股勁兒地說：「呵呵，我知道了，我知道了。沒想到女兒的學習能力這麼強？」

是啊，本來「學習」就是——
看著外界啥樣，
就會有樣學樣。

有次我和一位白手起家創業有成的老大哥吃飯，席間我請教他，是什麼樣的因緣際會，讓他走向創業的這條道路。

畢竟，在我從小到大的生命歷程裡面，一直覺得努力用功求學，最終目的就是能夠找份好的工作，然後持續地往上爬。

所以，面對這種創業家，完全是在我選項之外的人生路徑，也就格外的好奇。

沒想到這位老大哥，似乎是看出來我心裡面的這點小心思，在聽完問題之後沒有直接回答我，反倒是回敬了一個問題：「我問你啊！在你小的時候，身旁親戚朋友裡，有沒有創業家？或者是做生意、開公司的企業家？」

聽他這麼一問，讓我愣了一下，不覺陷入了短暫的沉思。

然後，我很認真地從嘴裡吐出了一個既像是答案又像是問題的回覆：「我從小在眷村長大，好像身旁周遭的人，不管是父母親或者是長輩，都沒有創業家或做生意的耶？」

「所以咯……」這位大哥說完「所以咯」這三個字後，就自顧自的先喝了一口眼前的高山烏龍茶。

接著繼續對我說：「我從小，父母親就是開雜貨店的，舅舅也在市場擺攤。

不管是小學之前，甚至是讀了小學之後，我幾乎每天都會幫著爸爸媽媽，一下子賣賣東西，一下子結結帳款，甚至還要搬貨、移貨。

在假日的時候，也會跑到市場裡面去，跟著舅舅一起擺攤、吆呼叫賣。

所以咯，你覺得我的創業，是什麼樣的因緣際會？是什麼樣的起心動念？」

我一邊聽、一邊點頭，然後嘴裡也不住小聲嘟囔著：「所以咯，難怪……這個創業的選項一直沒有在我的腦袋裡面……」

「大哥，這個創業、做生意根本就是你的日常嘛！

你從小就看到大、學到大，哪還要什麼因緣際會、起心動念？

創業對你來說，根本就像呼吸一樣自然。」我突然間一連串劈里啪啦的對他一陣感慨輸出。

而他似笑非笑的眼神，也很滿意的對我點著頭，順勢對我說出了語重心長、寓意深遠的一段話：「所以咯，哪有什麼叫做『生意仔難生』的這種觀念？

如果從來沒有做過生意，也沒有看過別人做生意，又怎麼會知道怎麼做生意？

又怎麼會把創業和做生意，當成是人生的選擇？」

認真想想，我們
無法成為不知道的角色，
無法賺到認知外的財富。

認真想想，我們
總要遇見好樣，
才能學個好樣。

就像這位大哥告訴我，他想要留給下一代的最大財富，不是動產也不是不動產，而是一個可以讓孩子們看見的「好樣子」。

因為就是他的父母親，他才在年輕時有了可以學習的好樣子，而當他現在年長了之後，他也希望能留個讓別人值得學習的好樣子。

改變，就從可以看見的樣子開始。

年輕時候學個好樣子，
年長之後留個好樣子。

看見好樣，
才知好樣。

沒有慧根。
也要會跟。

思考練習

思考看看自己在成長的過程當中，一些重大人生抉擇，是否有受到什麼特殊榜樣或者是長輩的影響？
這種影響對自己改變抉擇決定時，有什麼樣的啟發？而你又希望留給別人怎麼樣的樣子和影響？

4

自然而然

沒什麼成就，一事無成怎麼辦？

◆◆◆ **主要觀念** ◆◆◆

好好過日子就是成長
好好過生活就是成就

記得有次參加完好友的公益音樂會，兩三位籌辦這個活動的年輕朋友，還有他們一起邀請來的夥伴，約我們幾位老大哥大姐，一起去附近的咖啡廳聊聊聚聚。

聊天過程當中，除了大家訴說這次活動的甘苦談和美好經歷之外，也不乏分享原來沒有預料到的困難，以及解決問題之後那種讓自己突然改變，覺得有成長、有成就的感覺。

聽著大家熱烈的討論，以及各種不同溫暖的回饋，其中有位新加入的年輕朋友似乎是忍了半天後，終於決定要提出心中的問題，請大家幫他解惑。

「看到大家這麼有成就，這麼有活力，心裡真的很羨慕。

但像我自己總覺得一事無成，做什麼都不成什麼，似乎好像沒有什麼價值。

不知道各位前輩有沒有什麼可以給我的建議？」他一字一句慢慢地說著。

聽完他的提問，其中一位對公益不遺餘力的老大哥笑笑地對他說：「您覺得自己一事無成，沒有價值是吧？」

年輕人聽完之後，忙不迭的點點頭。

「那我可不可以耽誤您些時間，告訴我們大家稍微巨細靡遺一點，從今天早上起床之後，到現在為止，您做了哪些事情，可以嗎？」老大哥很客氣的請教他。

這位年輕人，在受寵若驚之餘，開始細數今天所有行動軌跡的點滴，包含了刷牙、洗臉、遛狗，洗了衣服、打掃家裡，和朋友約吃了早午餐，然後騎著摩托車來聽這場音樂會，接著又和大家一起來喝咖啡享受下午茶。

說完之後，這位老大哥用眼神環顧了大家慢悠悠地問出了一句：「大夥們覺得他一事無成，沒有價值嗎？」

「太有價值了！」
「今天就做了好多事啊。」
「每件事都很有價值啊……」
「光你問這個問題，就很有價值。」
「從你家騎摩托車來要將近五十分鐘，非常遠耶，真的是不簡單。」一位熟識這位年輕人的朋友，說出這句話之後，每個人都驚呼「哇……」，並拍著手給他鼓勵鼓勵。

剛開始這位年輕人有點不好意思，還以為這位大哥和大夥們是在取笑他。

但是後來看著大家誠摯的笑容，和真心的鼓勵，他的表情也就慢慢放鬆，釋懷的接受了所有人的讚美。

另一位老大姐，在大家掌聲稍歇之後，也語重心長的對他說：「我們這場公益音樂會，主要的捐款，就是幫助一些生活無法自理，天生在智力、體力或身體完整性上面，沒有辦法像我們一般人思考行動自如的弱勢團體。

所以，單單是您今天能夠過來參與公益，跟我們一起共襄盛舉，給我們鼓勵、讓我們更有動力，就是非常有價值，非常棒的一件事情了。」

「對啊，何況您還可以生活自理，幫著自個兒還有家人打掃遛狗，陪伴好友吃飯聚會，甚至自己騎摩托車來，支持我們這場音樂會。

您不覺得很不簡單、很偉大嗎？」老大哥笑著對他肯定地說著。

「嗯，真的沒有想到，原來行動自如，人生可以自理，就是件很有價值的事情。」年輕人豁然開朗，緩緩地說著。

好好過日子就是成長，
好好過生活就是成就。

這讓我想到曾經看過的一個短影音，螢幕上影音的剛開始就是有位年輕的主持人在做街邊隨機訪問。

他順勢攔下了一位路過的小帥哥，然後問他說：「如果我給你 1000 萬美金，你願意收下嗎？」

這位小帥哥想都不想的就回答他說：「當然願意呀！」

「那你會向我說聲謝謝嗎？」主持人繼續問。

「當然啊！」小帥哥回應著。

「但唯一的條件，就是當你拿了這 1000 萬美金後，你會看不見明天的太陽，也就是你的生命到今天為止，那你還願意嗎？」

主持人一問完，這小帥哥白了他一眼說：「那肯定不行啊，誰會做這種交換啊？」然後準備離開。

這時候主持人要他稍等，送給他一個小禮物，並告訴他這是一個社會實驗。

小帥哥本來覺得被耍，想要離開，但是聽到是社會實驗，再加上看到小禮物的情分上，他就停了下來，看看主持人還要他做些什麼。

這時候主持人對他說：「如果你不願意用 1000 萬美金，來換取未來的生命，那麼當你明天早上起來看見陽光的那一剎那，是否會感受到自己的價值，已經等同於 1000 萬？」

小帥哥愣了一下，若有所思的點點頭。

主持人繼續說道：「那這個時候你願不願意對拒絕 1000 萬美金的自己，認真地說一聲謝謝？」

小帥哥愣了一下，若有所思的點點頭。

原來——

沒有什麼理所當然，
沒有什麼自然而然。

好好活著就有價值，
好好活著值得感謝。

所有改變，
都是實驗。

所有活著，
都是抉擇。

好好實驗，
好好抉擇。

思考練習

你從小到大，是怎麼看待自己的價值？是怎麼看待自己擁有的一切？寫下自己今天做過哪些事情？而在過去的日子裡，有沒有曾經想要做跟今天一模一樣的事情，卻是努力而不可得的經驗？

5

青春無敵

爲何孩子一進入青春期就變了？

◆◆◆ **主要觀念** ◆◆◆

總要用心看見改變

才能貼心發現改變

只要成家結婚生子，常常聚會時候的話題，就會免不了圍繞著孩子成長歷程，相互分享、相互交流。

有次一位事業有成的好友，難得從國外回來和我們一起敘舊。

平時大多數從他嘴裡聽到、念叨的都是事業經、夢想經。

沒想到這回他孩子也進入了青春期，竟忍不住和我們說起孩子經，並連珠炮似地抱怨起他的孩子，不像話的「變」了。

他不僅用了青春期「叛逆」這兩個字，甚至還對大家說，他的孩子「變」成了他不認識的樣子。

然後，很認真地詢問著我們這群過來人，要怎麼樣才能夠和這「變化」又大、「叛逆」又強的孩子們「相處」？

聽完他的問題，有位老大哥清清喉嚨、輕咳了一下，似乎在做好回答前的準備。

出乎我們意料的是，老大哥並非直接答覆，反而是對這位好友提出詢問：「你孩子的班導師，叫什麼名字？」

這位好友聽著這個似乎跟他抱怨完全風馬牛不相及的問題，一下子有點懵。

但是在基於禮貌又有點迷糊的狀態下，還是支支吾吾的回答了：「嗯……欸……啊……呵呵呵，我不知道我兒子的班導師叫什麼名字耶。」

「喔，您不知道啊～那你兒子最好的同學叫什麼名字？」老大哥繼續問。

好友想了一下，還是搖頭。

「那～您兒子的學校是哪所學校？」聽完大哥的這個問題，看到好友仍然搖頭的時候，我們在旁的朋友都震驚了。

然後，老大哥又慢悠悠的詢問這位抱怨的老爹，有關他兒子的興趣喜好、愛吃的東西、愛玩的遊戲、常看的戲劇書籍、喜歡的偶像，還有常逛的地點等等……

結果這位好友，不是腦袋像波浪鼓般的無奈搖頭，就是陷入深深不知如何回答的沈思。

半晌之後，在其實非常短暫，但大夥卻覺得非常漫長的寂靜中，老大哥從嘴裡溫柔的說出了幾句話：「我們啊～常常覺得孩子們有了非常大的改變。

其實是因為，我們沒有好好用心，看見他們的改變。

我們常常覺得，孩子們突然變得叛逆。

但其實，是我們先發起了叛逆。」

我們

常看著別人的叛逆，

卻忽略自己的叛逆。

我們

沒有用心看見改變，

也就不會發現改變。

記得曾經看過一個短影音，有個孩子拿著98分的考卷，想要給父母親炫耀一下，贏得老爸老媽們的稱讚。

沒想到老爸看了成績後，不僅沒有稱讚，反倒還問孩子說：「你們班上有沒有考到一百分的人？」

孩子點頭之後，這個老爸又繼續追問：「那為什麼你沒有考到一百分？」

有趣的是，這個孩子沒有直接回答，反而是問他老爸說：「爸爸，您公司有沒有薪水比你高的人？」他老爸愣了一下，不自主的點點頭說：「那當然有啊！」

他孩子繼續問道：「那我有曾經責問您，為什麼沒有和別人有一樣高的薪水嗎？」

短影音在這個地方，跟隨著一陣的背景罐頭笑聲，嘎然而止。

我相信，這應該是個被編導出來的短劇，在真實的世界裡，可能不見得會發生。

但是，看完之後卻帶給我深深地省思。

畢竟，如果能夠接受每個人的生命，本來就不一樣，那麼我們便不會要求，所有的改變，都需要一模一樣。

感受改變的不一樣，
接受改變的不一樣。

其實，不是只有青春期會改變，不是只有青春期會叛逆。

就像有次我們幾位老友聚會完、準備合影留念的時候，有位朋友說他不想入鏡，因為覺得今天自己感覺有點老態。

沒想到另外一位老大哥，強把他抓過來一起合照，說了句經典的話：「嫌什麼自己老？怕什麼自己老？不要嫌、不要怕！抓緊時間趕快照，反正你明天會更老。」

說完之後，大家的鼓掌聲和爆笑聲不絕於耳，也就都開開心心地搶著照相了。

改變，從來沒有一天或停、從來沒有一天或歇。驚懼的不是孩子們的改變，而是我們有沒有陪伴他們的改變、看見他們的改變、發現他們的改變，進而在理解改變之後的應變。

只要陪伴，
就能看見。

只要看見，
就會發現。

思考練習

試著回想自己在成長的過程當中，想法或個性的轉變，受影響最大的「來源」是什麼？（父母朋友、書籍戲劇……）
不管這個來源是人也好，是物也好，寫下真正影響你的原因。

6

生離死別

什麼都不求，只希望他在

◆◆◆ **主要觀念** ◆◆◆

明天和意外不知誰先來
眼前和當下幸福才實在

在半導體產業工作的時候，同儕之間都是差不多歲數的工程師。

除了日常職務上的必要溝通之外，在生活上也由於年紀相仿，所以大夥兒常常透過聚會、舉辦各種活動，讓彼此的感情格外的親近。

其中有位我非常敬佩的資深工程師，年紀大我個三、四歲，長得又高又帥。

平常幽默風趣，又極為體恤我們這些比他晚進來個幾年的年輕工程師。所以，我特別喜歡和他在一塊聊天，感情濃度也就跟別人格外不一般。

而且就在我進去不到一年的時間，他便喜獲麟兒，從此以後更常與我們分享他新手老爸的點滴，以及擘畫他兒子未來美好計劃的種種。

包含想讓他公子學鋼琴小提琴、學攝影畫畫、學外文、學演講，還有幫他找最好的老師，讓他念最好的學校。甚至出國留學讓他看看這偉大的世界，讓他功成名就，成為父母親的驕傲。

每天看著他口沫橫飛，手舞足蹈、意氣風發地和我們分享他對兒子的夢想，我們也趁勢不吝惜地給上我們應有的支持鼓勵，以及鐵哥兒們的祝福。

由於他和老婆兩人，都是從南部北上工作的外地人，旁邊也都沒有父母親可以幫忙照顧這個寶貝孫。

所以，雖然他們晚上會自己帶小孩，但是白天的時候，就只能把這位小公子，送到托嬰中心，去給專業的保姆照顧。

就這樣，直到有一天，發現他請假沒有來上班，才透過我們的小老闆知道，他的孩子發生了意外。

不知道是什麼樣的原因，他的公子在托嬰中心因故窒息，後來被送往醫院急救。然後，在短短兩天時間就醫未果之後，我這位好友不幸的失去了他們寶貝。

原來，明天和意外，真的不知道哪一個會先來？

爾後，我們這些他身旁的好友，在好長的一段時間裡，都很理解且謹慎的不在他面前提到任何跟「孩子」相關的字眼。

直到他第二個孩子出世之後，看著他漸漸露出笑容，以及會跟我們分享他第二個寶貝的相片和日常點滴，我們才會順著他的聊天，開始提到「親子」相關的話題。

有一天，他突然語重心長地告訴我們，之前他覺得每個人都需要好好努力、讓自己功成名就。

但是，當他大兒子，也就是已經去當小天使的那位寶貝，在加護病房急救的時刻，他心裡面所想的，只有簡簡單單的期待，那就是「活著」就好。

所以，看著他的二公子，也就是他現在唯一的兒子，他更能夠理解在生死存亡的那一瞬間，所有的期待和功成名就，都顯得如此微不足道。

只需活著，
只要活著。

這樣就好，
這樣很好。

明天和意外不知誰先來，
眼前和當下幸福最實在。

這讓我想到自己國小五年級，從后里搬到竹南面臨必須轉學的時候，其實心中是有非常多的不捨，也不怎麼願意離開的。

畢竟，才剩下一年的時間就國小畢業了。

但是面對老爸職業的轉換，從此以後，全家人可以常常彼此相聚陪伴的這種期待，總覺得還是非常值得。

然而令人意想不到的是，才僅僅三年的時間，年紀輕輕還不滿四十歲的父親，就因罹患肝癌而過世。

猶記得當我被告知父親身患重病，所剩時日無多時，我幾乎每天都活在恐懼之中，甚至常常會對自己自言自語……

「接下來，我就沒有爸爸了。」
「以後再也不會有機會，叫『爸爸』這兩個字了。」
「不能夠再叫爸爸，會是什麼樣的感覺？」……

我才終於知道——
樹欲靜而風不止，
子欲養而親不在。

不是嘴上說的、書上寫的兩句話，而是實實在在的存在、實實在在的改變。

這樣子的改變，可能就在轉眼之間，成為一生當中不會改變的改變。而這種改變，你不知道什麼時候會發生，沒有辦法預測，也沒有辦法預防。

唯一能做的，就是在乎尚未改變前的一切，好好感受、好好接受、好好享受。

曾經有位老大哥在一次聚會的時候告訴我說：「與其在親人逝後，幫他辦一場風光奢華的葬禮；不如在親人生前，陪他吃個粗茶淡飯，有空沒事就常常開心的聚在一起。」

與其花錢，
不如留閒。

與其明天，
不如今天。

因為改變，
就在瞬間。

思考練習

生命中有沒有遇過意想不到、突如其來的生離死別，打亂了原有期待中的計劃，以及對未來的希望？
這種改變對於自己有什麼不同的體悟和啟發？又讓自己如何重新看待身旁親友和他人之間的關係？

7

意外驚喜

沒想到那一天的改變，
成爲後來美好的遇見！

◆◆◆ 主要觀念 ◆◆◆

掌握之中或能使人歡喜
意料之外也能讓人驚喜

有人曾問我身為從小就受洗的天主教徒，對於「算命」這兩字，會不會有所排斥？

我說還真不會，畢竟從小到大身旁的好友們，從來沒有停止過幫我算命。

其實，算命過程本身非常有趣，而且就算知道自己人生路徑可能會有什麼樣的方向，也是給自己提個醒，懂得因勢利導、趨吉避凶而已。

就像傅佩榮老師在講解易經義理時，所說的八個字「居安思危、樂天知命」。

算命，想想也是件很自然的事情。

因為對於未來的不確定，總會有迷惑，總會有恐懼。若能夠透過算命，掌握一點點確定的曙光，就會讓人感覺到心寬、感受到心安。

然而，靜下心想想，生命如果一切都成為「確定」，真的好嗎？

想想如果有個遊戲，什麼都確定，什麼做按照「已知」規則來玩，沒有任何計劃以外想不到的變化，那這個遊戲也未免太乏味，也未免太令人覺得無趣。

遊戲之所以好玩，就是永遠不知下一步會碰上什麼樣的關卡，遇上什麼樣的挑戰，成就什麼樣的喜悅？

人生就像遊戲一般，
需要穩定安心的計劃，
也要有趣驚心的變化。

記得小學一年級有天放學之後，看到老媽在家裡拿著個長條狀烏壓壓的黑盒子，很興奮地放在我面前。

然後告訴我說：「這個樂器叫二胡，你下個禮拜開始學習。至於老師，我也已經幫你找好了。」

在我還搞不清楚什麼狀況的時候，直覺地問了我老媽：「為什麼要學二胡？」

我老媽幾乎想都沒想，就告訴我說：「因為～～我喜歡二胡。」

也因為這麼個意外驚喜的禮物，讓我開啟了二胡的學習。

我的二胡啟蒙老師吳瑞坤，是位我非常喜歡且尊敬的老師，那個時候他也同時在台中后里的啟明學校任教。

他的聲音清朗且溫柔、臉上不時會帶著笑容，在教學過程當中，總是讓我覺得有種暖暖幸福的感覺。

他除了會單獨指導我之外，也常常帶著我和一群啟明學校的大哥哥一起練習。

這也是我第一次看見了點字譜，以及這些大哥哥們學習時用的點字書。

或許這也是為什麼而後，當我有機會受邀去幫盲友錄製有聲書時，我想都不想就開心的一口答應，應該也是源自於這份美好的遇見與緣分。

雖然後來我二胡學藝不精，沒有走向這條專業道路，但是那段和吳老師還有啟明大哥哥們學習的日子，卻是異常的快樂。

尤其從家裡到啟明學校學二胡，這段距離都是姥爺（外公）陪著我來回，而每次回程時，姥爺都會固定買一包「乖乖」，獎勵我的乖乖，更是讓我無比的開心，學習起來更有動力。

而這些快樂和開心，都是因為老媽那天帶回來意料之外的二胡驚喜，才有了這些連鎖反應。

掌握之中或能使人歡喜。
意料之外也能讓人驚喜。

更有意思是，當我國中畢業的時候，我老媽的三弟，也就是我三舅，有天突然背了個葫蘆形狀大袋子，放到我面前說：「這個樂器叫吉他，是我送給你的國中畢業禮物，你可以好好學它。」

在我還搞不清楚什麼狀況時，直覺地問了我三舅：「為什麼要學吉他？」

我三舅幾乎想都沒想，就告訴我說：「因為～～我喜歡吉他。」

哇噻，老媽和三舅還真「不是一家人，不進一家門」。

聽完他的答案，我戲謔地反問三舅：「您喜歡吉他，所以送我吉他，不知道您是不是也非常喜歡錢呢？」

嗯～這種問題，除了遭受三舅白眼之外，最終沒有得到任何的正面答覆。

而也就是因為這麼個意外驚喜的禮物，讓我開啟了吉他的學習。

後來，因為吉他，我才有了後來的機會，在民歌西餐廳駐唱七年的經歷。

也才會閒來無事透過撥弄吉他，開始詞曲的創作，幫研究所同學做班歌、幫救國團營隊做營歌，還一不小心因緣際會認識音樂圈的朋友，自己從詞到曲完整創作了一首單曲〈紅塵情〉（2019 年發行）。

回想在身旁周遭親朋好友，有過幫我算命的各種不同場景。

卻從來沒有任何「預言」，曾告訴我「音樂」和「樂器」，會在自己生命中扮演什麼角色。

或者是「算出來」由於「音樂」和「樂器」，我會有什麼重大的成就應運而生。

但是，二胡和吉他，這兩個「意外驚喜」的禮物，在我 2012 年離開高壓的職場之後，竟開啟了我用音樂連結不同世界、擴大不同視界的美好遇見。

讓我不僅有機會主持多場音樂沙龍、音樂活動和記者會，結緣了台北市立國樂團、灣聲樂團，還有許許多多的優秀音樂家和音樂團體。

甚至沒想到還創立了「郝聲音 Podcast」，圓了一個生命當中，沒有夢想過的夢想。

改變或許籠罩忐忑不安，
改變也能學習隨遇而安。

因為改變，
所以遇見。

因為隨遇，
所以而安。

思考練習

看看從小到大的成長和成就中，有沒有哪個特殊的小事件，在生命當中是突然出現的一個禮物，卻在日後陪伴著自己，逐漸累積成一個感動的恩典？

8

人際關係

只因那一抹微笑，展開的幸福擁抱

◆◆◆ **主要觀念** ◆◆◆

願意改變
就會改變

常常很多人都覺得我個性外向，應該是打從娘胎就生出來的人格特質。

所以，即使我很認真地反駁，說自己以前是個標準的內向性格，幾乎都會被別人嗤之以鼻。

但事實上，自己從小因為嚴重氣喘，所以很多與人互動交流上相當受限，加上國二那年父親過世，這個打擊讓我在人際關係處理上，真就變得格外封閉。

直到高中畢業考上大學的那年暑假，一位生命中的貴人，送了我一本《卡內基溝通與人際關係》（*How to Win Friends & Influence People*，龍齡出版）*，才正式開啟了我不一樣的人生。

記得當時拿到書之後，幾乎是一口氣，很認真也很迅速的把它給讀完。

結果，卻很震驚的發現，作者卡內基（Dale Carnegie）在書中分享所有良好人際關係應該具備的優點，我竟然一個都沒有。

這樣子的訝異和覺察，也開始讓我積極地想要改變自己。

改變，從來都不是一件容易的事，尤其是不知道從哪裡開始。

還好在書裡面的第二章，很貼心地告訴讀者，如果想要

---

* 卡內基於 1936 年出版的著作《*How to Win Friends & Influence People*》，目前台灣市面上有多種不同譯名的版本，除了龍齡出版的《卡內基溝通與人際關係》，還有時報出版的《人性的弱點》、好人出版的《卡內基說話之道》等等。

改善人際關係，卻不知該如何開始的話，那麼就嘗試從簡單的對人展露「微笑」即可。

後來，我很聽話的依樣畫葫蘆。

每天，花將近 10 ～ 15 分鐘的時間，對著鏡子認真練習微笑。

這樣傻傻呆呆的練習，持續了將近一個多月，直到暑假結束，開始新生訓練。

面對揮別過去陌生的環境，面對嶄新朋友生活的開始，我用練了一個多月的微笑，來重新擁抱遇見的一切。

沒想到，奇蹟就這麼發生了。

有好多同班同學看到我，都願意主動和我打招呼、交流和寒暄，甚至還問我是否願意成為同寢室的室友。

沒想到，**只因為那一抹微笑**。
竟真的展開了我不一樣的人際關係。

後來同寢室的室友，一個比一個優秀、一個比一個厲害，他們持續不斷地讓我開了眼界，也有了更多不同的遇見。

其中一位本來就是職業的吉他手，並且在餐廳駐唱了很多年。

平時在宿舍的時候，不僅咱們倆會一起唱歌、一起彈吉他，甚至後來他還建議我去餐廳駐唱。

就這樣，被他推波助瀾之下，我以初生之犢不畏虎之姿前去試唱，沒想到還真的被錄取，接著展開了長達近七年的駐唱生涯。

後來因為這樣子的駐唱經驗，還跟著歌手們一起詞曲創作將近百首歌曲，甚至還到電台擔任音樂 DJ、廣告聲優，而這些都是始料未及的經歷。

只因為那一抹微笑。

另一位室友本來是我們系學會優秀的會長，平時參與活動的能力就極強。

有次他因緣際會參加大專領導人訓練營，知道了一個非常棒的國際性社團 AIESEC（國際經濟商管學生會）。

那時很多大學都有這個國際社團的分會，但清華卻沒有。

所以，室友鼓吹我來進行籌辦，讓清華這個理工氣氛濃厚的學校，也可以有一些商管財務的氛圍。

而我也不知哪來的勇氣，聽了他建議，竟然毫不猶豫就說了「願意」。

接下來大概前前後後，為了招募新團員，我逼著自己進行了大大小小將近兩百多場演講，把社團給創立了起來。

後來由於創立這個社團，我又被推薦給救國團，參與「經濟貿易研習營」的活動。

接著在營中表現良好，又代表救國團參加了台灣赴南非的青年訪問團，並且還擔任團長一職的角色。

這一個個接踵而來的連鎖反應，都是我當時在創立社團的時候所無法想像。

只因為那一抹微笑。

更重要的不管是駐唱生涯，又或者是創建社團，都不是當初我在閱讀《卡內基的溝通與人際關係》，以及花了一個多月練習微笑的時候，所能夠預見。

所有改變，
一念之間。

願意改變，
就會改變。

思考練習

你有沒有曾經因為一個起心動念的小改變，在日後引發了始料未及的變化？
回看這些變化，你怎麼看待當初那個起心動念的小改變？

9

慢慢累積

爲什麼成績突然之間不行了？

◆◆◆ **主要觀念** ◆◆◆

不要錯把手段當成目的
不要錯把目的當成手段

因為寫作出版《富小孩與窮小孩》系列書籍＊的關係，常常會有各種不同的社團或學校，邀請我針對親子財商相關的議題進行分享。

每當演講完畢之後，總會有些父母親過來找我聊天，並常常面帶愁容地問說：「為什麼孩子本來功課還好好的，『突

＊由郝旭烈著作、三采文化出版的《富小孩與窮小孩》系列總共有三本：《富小孩與窮小孩：給現代青少年的 24 堂財務思維課》(2021 年)、《富小孩與窮小孩 2：18 堂孩子的財商金頭腦養成課》(2022)、《富小孩與窮小孩 3：18 堂讓孩子掌握金鑰匙的致富思維課》(2023 年)。

然』之間成績就掉下來了，真的不知道該怎麼辦才好？」

當然，每個人的天賦不同，學習的資質也不同，對於成績的影響本來就有各式各樣的原因。但是，孩子成績「突然」改變這件事情，還是可以好好的聊聊。記得自己在新竹高中三年唸書的過程裡，每天的壓力都極度巨大。

那時學習目標非常清晰，也非常簡單，就是把每一次的考試，不管是小考、月考、期末考，乃至模擬考都要認真達標，才有更大的機會藉由聯考，進入心目中的那道大學窄門。

還記得高三有天晚上在新竹補習結束，佇立在新竹火車站月台上等車，靜靜準備回竹南溫暖的家。

看著月台屋頂上的時鐘指向快接近十點，一輪明月高高掛在天空，雖是清朗的夜，但心中卻有點淡淡的惆悵。於是決定要把這個畫面，深深地記住印在腦海裡，並默默地告訴自己：「我只要好好辛苦過後，將來就會變得不一樣了。」

也因為這樣子，當天那個畫面，就像幅靜止藝術品一樣，一直停留在自己心裡。

而當考上清華大學放榜那瞬間，我還特別跑到新竹高中大門口那道拾級而上的台階頂端。俯瞰著遠方並告訴自己：「從今開始，我可以好好放縱玩耍，再也不要唸書了。」

這也是為何我大一成績特別的差勁，讓老媽都覺得我「突然」變了。其實，不是突然變了，只是考上大學後，那個原有讀書學習的動力消失了。

畢竟，那時在心裡面的認為
學習只是手段，
考試才是目的。

既然沒有了「考試」這個目的，那麼「學習」這個手段，也就沒有存在的必要。

但是，學習是手段，考試真是目的？
還是，考試是手段，學習才是目的？

反觀在我高中的時候，有另外一位同學就跟我形成強烈的對比。從高一到高三，他都和我同班，不管是英文的隨堂考、期中考或期末考，我的分數幾乎都是八、九十的高分。

而他雖然成績也不差，但是英文總是落在六、七十的中高狀態。所以我也從來不覺得，他在英文或語言上面，有什麼特別過人之處。

直到高三在準備大學聯考的過程當中，開始有模擬考，才讓我發現了一個驚天動地的大秘密。

原因是從模擬考開始，我和這位好同學的成績，產生了完全不同的結果，也就是我的成績反而都落在六十幾分，甚至會有不及格的五十幾分情況。

反而是他的成績，竟然都一直保持著八、九十分。抱持著見賢思齊的心態，我向這位好友請教，為什麼模擬考的成績會有如此優異的表現。

尤其，平常的隨堂考、月考，考試的範圍有限，模擬考是完全沒有範圍的閱讀能力測驗。我就很好奇，為什麼有範圍的考試他的成績不突出，反而是沒有範圍的模擬考，卻總能夠一馬當先。

他聽完我的請教，靦腆地笑了笑，然後告訴我說，其實也不是有什麼特殊的技巧；只是他「不在乎考試罷了」。

聽到這樣子的答案，我整個人都暈了，「不在乎考試，所以小考考不好，而大範圍的模擬考卻可以考好？」

他說，其實他從國中開始接觸英文，就對英文有非常大的喜好和投入，從台灣一般的教材《空中英語教室》開始，到後來的專業英文雜誌《時代》（*TIME*）、《新聞周刊》（*Newsweek*），都是他每週、每月涉獵英文知識跟學習的來源。

反倒是這些小考、月考關注考試技巧的測驗，讓他沒有興趣。所以平時這些考試，他的成績就一般。

但是當面對這種沒有範圍的模擬考，都是長篇文章的閱讀，他不僅速度快、得心應手，更是像打遊戲一樣覺得有趣。

至於模擬考，他的成績就突然飆上去的這個結果，也是他始料未及的情況。「始料未及？」我記得當時聽完之後，一整個人陷入了沉思。

原來——

與其在乎看得見的短期成績，

更要關注看不見的長期累積。

真正實力，從來不是一朝一夕的練成。

為了考試短期拼出來的成績，終究比不上熱愛學習，長期紮實的累積。

好成績未必帶來好學習，
好學習終究帶來好成績。

不要錯把手段當成目的，
不要錯把目的當成手段。

與其在乎快快來的成績，
或許關注慢慢來的累積。

慢慢改變，
終會看見。

思考練習

試著回想自己在生活或工作職場上面，哪些是真正想要的目的？哪些是為了達到目的過程，所用的工具或手段？
而我們有沒有錯把目的當手段，又把手段當目的的情況？

10

半途而廢

三分鐘熱度，變來變去不好嗎？

◆◆◆ **主要觀念** ◆◆◆

與其停滯不前
或許持續體驗

前陣子在「郝聲音 Podcast」節目中，訪問了一位年輕又帥氣的連續創業家。他和我在求學階段背景類似，原來都是理工專業出身。

沒想到當他出了社會，不論是進入職場抑或是創業，所作都和原來所學的八竿子打不著一塊。甚至連工作經歷及創業產業，一次又一次，幾乎每回都完全不同，彼此大相逕庭。

雖然他目前的事業非常成功且騰飛，但是在剛開始創業的那幾年，連他女朋友偶爾也會委婉的勸他應該要「穩定」一點，不要「三分鐘熱度」。

一聽到他說「三分鐘熱度」，我就來勁兒了，忍不住問他說：「那你怎麼看待『三分鐘熱度』這回事？」

他露出了陽光般的燦爛笑容，略為思索一下告訴我說：「每個人都覺得三分鐘熱度就是對於所做的事情變來變去，沒有堅持、沒有毅力。

但是，世界不本來就是一直變來變去？

如果，世界變但我們不跟著變，又怎麼能夠跟得上、追得上？如果跟著變，做過後，決定要換、決定不繼續，那是自己的選擇；但如果不跟著變，連做都沒做，不給自己機會，那不等於承認自己沒轍？」

有做，決定不做是選擇，
沒做，決定不做是沒轍。

這讓我想到《論語．雍也篇》中，一段孔子與弟子冉求的對話。

冉求曰：「非不說子之道，力不足也。」子曰：「力不足者，中道而廢。今女畫。」

意思是說，冉求告訴孔子，不是他不樂意執行老師的道理，只是他能力有限。

但是孔子聽完之後卻告訴他，不管能力為何，總要試過了才知道。就算做到一半停止前進，放棄了，好歹也做過了，總比畫地自限來得好。

「中道而廢」就類似常聽的「半途而廢」，這也是我讀完這篇之後，重新對「半途而廢」這四個字有了不一樣的見解。原來，如果嘗試過，結果就算不喜歡、不勝任、不如預期、不想繼續，那麼想要改變換新也無可厚非、也沒有關係。

至少自己曾經做過，曾經試過。

就像前面那位年輕創業家告訴我，「三分鐘熱度」好歹也熱過了，總比從來沒有熱血嘗試，純粹乾巴巴的用腦袋想，但最後想不出個什麼玩意兒來，也好太多。

這也是為什麼後來我常常開玩笑，告訴我身旁的好友，如果去報名馬拉松的話，就直接給他報名全馬。反正全馬和半馬報名費也差不了多少，就算最後跑不完全馬，只完成一半，那也是個半馬。

並且可以告訴別人，自己只是「中道而廢」、「半途而廢」。好歹自己沒有畫地自限，很認真的有了嘗試、有了見識，更讓自己增加了膽識。

嘗試帶來見識，
見識帶來膽識。

這讓我想到有次被另外一位知名的主持人訪問，當他聽到我曾經喜歡並且學習國標舞很多年的時候，也讓他激起了想要學習的興趣。

後來他問我說：「現在還有常在跳嗎？」

我搖搖頭告訴他說：「已經好久沒跳了。現在花比較多的時間在跑步、騎車，還有瑜伽、健身上面。」

他聽到後突然面露惋惜地對我說：「就這樣放棄學了這麼多年的國標舞，不會覺得很可惜嗎？」

我沒有立刻回答他，反而是趁著他問我的當下，喝了一口他特別為我準備的精品咖啡。然後，看著他期待的眼神，對他說：「我沒有放棄呀，只是放下而已。」

接著我娓娓說道，如果沒有放下國標舞，又怎麼會有機會知道，原來我還能挑戰跑步、自行車、游泳和鐵人三項？

沒有放棄，
只是放下。

因為有捨，
所以有得。

接觸過各種不同運動，包含籃球、國標舞、自行車、跑步、游泳、爬山、瑜珈。

接觸過各種不同興趣，包含書法、畫畫、二胡、吉他、古箏。

接觸過各種不同學習，包含紙本書的閱讀，聽 Podcast、看 YouTube、以及實體課程和演講。

雖然運動不同，但都是運動；
雖然興趣不同，但都是興趣；
雖然學習不同，但都是學習。

很多底層邏輯類似概念，都有各種不同形式的呈現。

隨著不同形式改變的出現，讓自己保有熱度的不斷體驗；才會知道喜歡什麼，才會知道自己可以選擇享受結果的美好，也能享受幸福的過程。

面對改變——
與其停滯不前，
或許持續體驗。

與其莫可奈何，
或許有所選擇。

不是放棄，
而是放下。

思考練習

不管是在生活型態上、職場工作上，有沒有曾經變來變去的經驗？回頭想想，這種經驗和體驗，帶給自己什麼樣的感受？如果有人問你「三分鐘熱度」好不好，你又會如何回答？

11

臨時起意

還沒準備好，機會就來了怎麼辦？

◆◆◆ **主要觀念** ◆◆◆

新機會帶來新學會
新學會帶來新機會

從小學習二胡的關係，所以台北市立國樂團對於我來說，就是神壇般的象徵、國樂巔峰音樂家齊聚一堂的存在。

雖然嚮往，但是也從未想過這群優秀音樂家們，會和我在人生當中有什麼樣的交集。直到我出版第一本書《好懂秒懂的財務思維課》（三采文化，2020 年）。

出書？這能夠和音樂家連上什麼樣的關係？

所有的緣分，都源自於一個「臨時起意」的構想，從一個我自己策劃的小型新書分享會開始。

畢竟碰上人生的第一次出書，就跟「大姑娘上花轎～頭一遭」般的興奮。所以很開心地想要舉辦個暖心茶會，邀請好友和好友的朋友們同聚一堂，一起吃吃喝喝、分享難得的喜悅。

心忖除了吃喝，也想讓活動過程有點音樂的元素加入，不僅好玩也能帶點趣味。因此我特別邀請兩位非常知名優秀的國際級音樂家，吉他大師蘇孟風，以及大提琴大師陳世霖共襄盛舉。

既然是好朋友，我就不客氣的又「臨時起意」和兩位老師商量，是否可以用我這位素人的二胡和吉他，與他們合奏同樂。

沒想到這兩位大師，竟然都答應了。原來，不僅藝高人膽大，就算藝低也可以讓人膽大。

不怕做不到，
只怕想不到。

總要想得到，
才能做得到。

到了活動當天一切準備就緒，四、五十位賓客陸續入場的時候，沒想到我的同鄉好友美慶姐，竟邀請一位我想都沒想到的貴賓，台北市立國樂團的團長鄭立彬老師，來參加我的新書分享會。

雖然心中有些震驚，但是不知怎麼回事，突然有兩句話，在那個時候靈光乍現的飛進我腦海裡：「只要你不尷尬，尷尬的就是別人」。

因此，我泰然自若地走向前去，和鄭立彬團長打招呼、寒暄並自我介紹。

然後恭恭敬敬告訴他說：「等會兒我會為賓客們演奏二胡，至於我有多厲害，您就不用想像了。

只要看我旁邊，這兩位吉他手和大提琴手為我伴奏，您就知道我有多非同凡響。」

蘇孟風老師、陳世霖老師和鄭立彬團長原來就是舊識，聽我這麼正經八百的胡說八道，大夥兒一陣開懷的哄堂大笑，也就不在乎我二胡到底有多麼的出類拔萃了。

沒想到因為這層關係，我和鄭立彬團長因此結識，而後竟然被他邀約，擔任台北市立國樂團，新季度開幕記者會的主持人。

從此和台北市立國樂團，以及許多的音樂家逐漸建立起深厚的情誼。

不僅陸陸續續在國家音樂廳，以及各種場域，主持了非常多場音樂沙龍和演出。

甚至是後來的「郝聲音 Podcast」，也是因為在新冠疫情期間，期盼能有個管道為音樂家發聲，才啟動的節目。

凡此種種，都跟當時那個有點突兀的「臨時起意」新書發表會，以及音樂家和我這位素人的合奏安排，脫不了干係。

有人曾經問我：「你主持國樂團開幕記者會之前，有過這樣的經驗嗎？」

我搖搖頭，想都不想的就說沒有。

通常會有人繼續追問：「那你都沒有經驗，怎麼會敢接這樣子的工作？」

這個時候，我就會回覆他：

「在寫第一本書前，我也沒有寫過書啊。」

「新書分享會前，也沒辦過啊。」

「我也沒和專業音樂家合奏過啊。」

「更早以前我也不認識蘇孟風老師，我也不認識陳世霖老師，我當然也不認識鄭立彬團長啊。」

重點是，「那又如何？」

反正，只要做到就會知道，只要相遇就會相識；只要有了第一次，那麼下一次就叫再一次；而且接下來的一次一次，都是「再」一次。

開始，就會變得不一樣，
繼續，更會變得不一樣。

很多人問我說：「機會是給準備好的人，但如果沒有準備好，而機會來了該怎麼辦？」我說，既然「機會」跟靈光乍現的「想法」一樣，常常都是「臨時起意」，又怎麼能夠知道什麼叫做「準備好」？

所以，當機會來了，只要記得說「好」，就是夠好的準備，就是準備的夠好。

就像我常常提醒自己的——

不是因厲害才開始，
而是因開始才厲害。

新機會帶來新學會，
新學會帶來新機會。

臨時起意，
總要願意。

總要願意，
才會如意。

思考練習

人生當中，有沒有一些有趣「臨時起意」的發生，讓你在接下來的人生產生了許多不一樣的改變？
看看您現在的工作或興趣，你覺得它的緣起，可以最早追溯到什麼時候？有沒有可能是來自非計劃中的「臨時起意」？

12

取下標籤

別人的期待和標準，重要嗎？

◆◆◆ **主要觀念** ◆◆◆

別讓標準決定自己是誰
別讓標籤決定誰是自己

大學雖然唸的是工業工程，但是在大一的時候，竟然科系裡有安排接觸「經濟學原理」這種商管相關的課程。

一方面上過之後覺得有趣，另一方面也是骨子裡想要賺錢的靈魂，似乎被喚醒挑動了起來。

所以從大二開始，就決定要多修一些經濟系領域相關的科目。我想後來會在研究所的時候轉唸企管，也跟這個遇見和信念的轉變，有著非常大的關係。

尤其和經濟系同學們相處之後，才驚覺發現不一樣的學習背景，就真的會有不一樣的思維。原來「近朱者赤，近墨者黑」，以及小時候常聽「孟母三遷」的故事，是真的有他道理在。

不同世界，
不同視界。

沒有成見，
更多看見。

後來從大二開始，除了自己的工業工程系之外，經濟系的同學也變成了我極親密的戰友。

記得有次特意選修「個體經濟學」，雖然教學的老師是出了名的嚴格，但是既然自己想要把它學好，也就很認真拼了命的用功，期待自己能夠有個好成績。

就這樣迎來第一次期中考的時候，心中即使緊張，但也充滿了篤定。沒想到，當考卷發下來看到試題的那一霎那，卻感覺有如五雷轟頂。

因為題目如果是太困難也就罷了，令人驚懼的是有好些題目，竟然對我來說連理解都有困難。

當時心裡只有一個想法：「完了，我肯定不及格，肯定要補考了。」

過了兩個禮拜之後，老師發考卷的那天，我是頭幾個被叫到領考卷的外系學生。

戰戰兢兢，帶著顫抖的身軀，從老師的手中接下考卷。

果不其然，當看到試卷上面的 45 分，雖然心裡早有所準備，但是腦袋瓜子裡還是禁不住的嗡嗡作響，一股空谷傳音的迴響圍繞在耳旁：「不及格……不及格……不及格……格……格……」。

挫敗、沮喪、無奈之情油然而生。

然而就在此時，神奇不可思議的一幕，竟卻發生了。

當我坐在位置上面，看著所有領完考卷回來同學們的表情，每個人都神情凝重、鬱鬱寡歡、目光呆滯的時候，不知為什麼我的心情，竟開始有點陽光了起來。

這時候突然讓我想起了一句話：「影響情緒的關鍵，從來不是事件本身，而是我們對事件的看法。」

更令人欣喜的是，發完考試卷後，就聽到老師對大家說：「這次題目偏難，全班最高分是 52 分，平均分數是 28 分。所以老師會試著調整一下及格的標準，應該 30 分以上都會及格。」

蝦咪！？原來「標準」是可以改變的！

別人給自己的標準，
未必是自己的標準。

心情立刻變得愉悅。

還有一件類似故事，是發生在我更小的時候，應該是在學齡前。

打從幼稚園起，我就非常喜歡東畫畫、西畫畫的塗鴉，尤其是在眷村家外面都是泥土地，隨隨便便拿了個樹枝，就可以在地上自由揮灑。

進了國小之後，有次在美術課上，老師要我們寫生。

沒想到當我開開心心的把作品完成，放在自己的書桌上逕自欣賞的時候；老師走過我的身旁，靜靜凝視了一會兒之後，給我的評價是輕聲的說了句：「你的畫有點『不著邊際』啊！」。

聽了「不著邊際」這四個字，看著老師的表情，就知道不是個肯定、稱讚的話。

從此，我覺得自己的畫畫能力有限，不是這塊料，沒有這個天賦。

而也給了自己心中貼個標籤，就叫做「不著邊際」。

直到小學五年級轉學之後，發生一件有趣的事件，讓我有了不一樣的看見。

新學校的一位美術老師，在一次課程中要我們製作面具，並且在面具上臨摹描繪出國劇的臉譜。

當所有同學完成了作品，老師特別挑選了三個色彩繽紛的臉譜面具，放在講台上面展示給大家並且表揚。

沒想到，我竟然是三個中的一個，而且還被老師大加讚賞，說我的面具和臉譜「深富創意」，熱情奔放又大器。

突然之間，我畫畫能力的標籤，就被換上了「深富創意」。

啥米！？原來「標籤」是可以改變的！

別人給自己的標籤，
未必是自己的標籤。

心情立刻變得愉悅。

原來，
標準是別人訂的，
標籤是別人給的。

人生是自己活的，
日子是自己過的。

原來，愉悅是如此簡單。

別讓標準決定自己是誰，
別讓標籤決定誰是自己。

不讓別人，
決定自己。

試著自己，
決定自己。

想要快樂，
就能快樂。

思考練習

回想自己在思維或行為上，有沒有一些別人加諸的標準或者是標籤？如果今天把標準換了，把標籤換了，會不會讓自己更加的快樂，更加的幸福，更加的對生命充滿期待？

PART.2

二變：

接受
應變

是選擇的必然

13

接受應變

碰上對自己不公的事，該怎麼辦？

◆◆◆ **主要觀念** ◆◆◆

別人若對自己隨便
自己別對自己隨便

前段時間和好友到一間知名的咖啡廳喝下午茶，兩個人喝著熱咖啡、輕鬆閒聊，有種進入心流的狀態。

由於是上班日，偌大的空間裡沒有太多客人，加上輕柔的背景音樂，感覺格外療癒。

好友也是位知名的企業講師，在彼此交流過程當中，他問我在演講或教學過程中，有沒有碰上特別有趣或奇葩的經歷？

聽到這個問題，我忍不住喝了口咖啡，然後樂不可支的告訴他說，「有趣」的經歷還真不少呢！

記得有次被邀請去擔任一個公益團體的演講嘉賓，事前聯絡的窗口告知當天現場會有三、四十位志工，而線上也會有上百位成員在全台同時學習。

當天我抱著期待的心情提早半小時到，沒想到了之後，承辦人員竟然告訴我他忘了公告這個活動，所以現場除了他之外只有另外一個工作人員。

看著現場的兩個人，我心裡想：「該不會今天演講要變成家教班了吧？」

然後，想了一會之後……

我就麻煩他把直播的設備架好，然後請他通知看看附近志工有沒有人有空，可以「順便」過來看。

也請他把直播的內容給錄製起來。

就這樣當我兩個小時演講完畢之後，現場來了將近快二十多個人。

而且大家還把那承辦人給唸了半天，埋怨他怎麼可以出這麼大的紕漏，讓這麼多的人沒有機會參與到這次的演講。

但無論如何，我是講得很開心、很投入並樂在其中。

聽完我的故事，好友眼睛睜得很大，對我說：「他們也太隨便了吧！」

我說：
別人可以對自己隨便，
自己不能對自己隨便。

看著好友怔怔的看著我，我又繼續告訴他另外一個奇葩的經驗。

有次被邀請到一所學校演講，聯絡的窗口告訴我當天兩個小時分享，會有將近一百二十位的老師參與。

結果當我到了的時候，校長簡單地介紹我之後就告訴我說，他要先帶走一半的老師去開會，過一個小時後再來聽下半場。

「啊？」還不等我的驚訝告一段落，這位校長帶著一半的老師離開了。

而且在老師們離開時，還聽到一位主任好心的提醒老師們，一定要記得簽名，要不然就沒有辦法領到補助。

看著離開的老師們，我心想：「該不會他們就不回來了吧？」

然後，想了一會兒之後……

就開始很認真的，又很開開心心的對著留下來的老師演講分享。

本來有些老師還在改著考卷、改著作業，但大概是我說話的聲音太大了，又或者是演講的故事太好笑了，到最後所有人的注意力，似乎都被我拉了過來。

更有趣的是，原先離開的那幾十位老師，最後也果真沒有回來。

只有到演講結束前，校長趕回來幫我做了個最後的結尾和感謝。

結束之後，校長對著我說，其實他和我的一位好友也很熟悉，而這位好友也曾經來這所學校演講過，只不過後來校長再邀請他的時候，他都因為「蠻忙的」而無法參與。

我心想，我以後應該也會「蠻忙的」。

聽完我的故事，好友眼睛睜得更大，對我說：「他們也太隨便了吧！」

我說：
別人可以對自己隨便，
自己不能對自己隨便。

後來我和好友聊道，雖然看起來是主辦單位對來賓輕忽隨便，其實真正的是他們對自己的輕忽隨便。

那既然事已至此，發生的當下，我就不能對自己太過於輕忽，太過於隨便。

總要
懂得接受，
懂得應變。

我就當成是類似脫口秀的開放麥，讓自己多一次練習的機會。

就算面前來賓不笑，
告訴自己也要微笑。

更重要的是，我也就有了更多的談資和寫文章、說故事的素材。

後見之明想想，真的是有點賺到，也再次證明了那句話：
凡是走過的路，
每一步都算數。

回過神來，我也好好的復盤＊了自己，未來應該要更好了解演講的流程，以及盯好安排的進度。

＊復盤：圍棋用語，意指完成一件事情之後，有條理地回顧整個過程。

畢竟——
事前沒有好好理解，
就是對自己的隨便。

事中沒能控制情緒，
就是對自己的隨便。

事後仍被遺憾影響，
就是對自己的隨便。

在乎在乎自己的人，
忽略忽略自己的人。

懂得在乎，
懂得忽略。

懂得接受，
懂得應變。

才會安在，
才會自在。

思考練習

不管在生活中或者是工作上，有沒有曾經碰過意料之外尷尬或難堪的場面？當時自己是怎麼樣處理的？

如果再讓自己遇到一次，自己會有同樣的處理方式，還是會有不一樣的應變？

14

接受挑戰

不習慣新事物，該怎麼辦？

◆◆◆ **主要觀念** ◆◆◆

從習慣到不習慣是成長
從不習慣到習慣是成就

常會有人告知，因為看了我線上課程而得到啟發，甚至對職場或工作有所助益。

這時自己都會深深地感謝對方，因為他的回饋，帶給我很大的支持和鼓勵。同時，我也會在心裡面感謝過去的自己，因為放下經驗的成見，才沒有自以為是的受限，才能有線上課程的呈現。

沒把經驗，
當成受限。

「為什麼會這麼說呢？」

「難不成錄製線上課程，對郝哥並不容易嗎？」

「說話和錄製音頻，對郝哥也會難嗎？」

很多人會這樣問我。

說實話，每當回憶起這段「首次」啟動線上課程錄製的經歷，我都會說那是一次美好且值得分享的「挑戰」。

記得剛開始受邀，要錄製線上課程的時候，心中是非常雀躍而且極為期待。

畢竟，這是一次全新的嘗試。

才短短不到一週的時間，我便把課程大綱給訂好，接著開始撰寫課程細項，以及內容逐字稿。

平常本就喜歡寫文章的我，以為接下來的工作會非常輕鬆愉快；沒想到這才是「挑戰」，又或者說才是災難的開始。

還沒有開始進錄音間錄製，單單是逐字稿的內容，就整整被大幅修改了三次。

一共將近 24 堂的線上課程，原則上每堂課大概只有 10 到 12 分鐘；所以在這短短時間裡面，我一開始想要盡量給聽眾滿滿知識點，試圖體現我的「好意」。

殊不知這樣子的「好意」，不僅讓逐字稿內容看起來非常「龐雜」。

加上過多知識點描述，便沒有空間給予「案例」，也就不容易讓聽眾消化。並且資訊太多不好讓人學習「吸收」，所以最後才會有被三番兩次修稿的結果。

而也因為這樣子的修正和改善，我才有深切的體會——

不是要說自己想說的話，
而是要說別人理解的話。

最終好不容易把文稿敲定，覺得過了大關卡，接下來應該會比較輕鬆一點。

沒想到我的認知，還是短淺了；真正更大的挑戰，才接踵而來。

自以為聰明的我，那個時候因為沒有字幕機，就買了個小小的螢幕和投影機，想要放在攝影機旁邊，看著稿子唸。

沒想到導演的期待，是希望我能夠面對鏡頭，眼睛不可以飄。

所以我這樣子的安排，就在試錄影片中，明顯看到我眼睛在鏡頭及投影幕間飄來飄去的情況之下，以失敗告終。

因此，我只好再想想有沒有其他的辦法，可以讓我的錄影不需要「背稿」。

對，您沒有看錯！我之所以認為逐字稿一旦搞定，錄影會變得很容易的原因，就是我認為不需要背稿。

然後，我又想到了個奇葩的方案——買一個隱形耳機，再把稿子預先錄製在我的手機裡面。

等到當天對著螢幕錄影的時候，只要把耳機戴上、手機播放，那麼我可以輕鬆對嘴錄製，就一切大功告成了。

沒想到理想很豐滿，現實卻很骨感。

原來完美的計劃，在錄製當下，為了等待耳機裡傳來的聲音，我整個人的臉色都變得極為僵硬。

導演在我試錄完後，還很客氣的對我說：「郝哥，這樣子說話方式，有一點不像你耶！」我明白這又是一次失敗的嘗試。

最終我想通，吃了秤砣、鐵了心，決定還是扎扎實實來對著鏡頭背逐字稿好了。

就這麼硬背了一個多禮拜之後，沒想到上場時，腦袋裡面想著稿，嘴巴說的話卻常跑調。才短短一篇 10 到 12 分鐘的課程講稿，硬生生的 NG 了二、三十次。

雖然導演很貼心地告訴我，後製可以做剪輯，但是我從他們的臉色上，可以明顯感覺到那種為難的樣貌。

畢竟，剪輯過多的影片，閱聽起來一定不舒服、不自然。

於是，我告訴團隊讓我回去休息思考兩個禮拜，看看有沒有其他的辦法，能夠讓錄製有更好呈現。

其實，在那個當下，心裡面已經是有了想要放棄的念頭。

只是又有點不甘心，畢竟也投入了不少的心血。

所以回家後，打開自己非常喜歡的幾位線上課程講師錄音，想要從中了解並學習，他們是怎麼樣才能夠錄製得如此「完美」？

沒想到，認真多聽幾次，才驚覺且豁然開朗地發現，他們的錄音課程一點都不是我想像當中的「完美」。他們講課過程中，也有許多的語助詞、有許多的空白、有許多的停頓。說白了，就像平常說話一樣的「自然」。

反而是這樣的「自然」，讓人聽起來如此的「完美」。

原來不完美，
也是種完美。

後來，再次回到錄音室之後，我放下了逐字稿，也放下了完美。只在心中留下了大綱和關鍵的故事案例，一氣呵成地完成了之前困難重重的錄製。

讓所有的團隊和導演，都驚呼不可能。

原來，

別讓想像的經驗，

成為行動的受限。

從開始習慣有稿子，到不習慣沒稿子；從不習慣看螢幕錄影，到習慣看著螢幕邊想邊講；這都是一而再、再而三，願意接受挑戰，願意應變的結果。

從習慣到不習慣是成長，

從不習慣到習慣是成就。

習慣挑戰，

挑戰習慣。

終會成長，

終會成就。

思考練習

回想過去一年，有沒有做過一些從來沒有挑戰過的事情？
而這樣子的經歷，又帶給自己什麼樣新的認知、新的改變？

15

近朱者赤

我比身旁的人優秀，很值得開心？

◆◆◆ **主要觀念** ◆◆◆

不是自己多優秀
而是自己圈子弱

在 2015 年的夏天，一個帶著些許炎熱卻令人期待的夜晚，我參加了一場好友邀約的阿卡貝拉音樂會。

地點在忠孝東路巷弄裡，一家非常有味道的咖啡廳。不僅有咖啡，在當天的吧台上面，還擺滿了各式各樣的酒品和點心。

我很榮幸地被安排在最前列的貴賓席。看著同排身旁一位帥氣優雅的老大哥，很自然地打起了招呼。

趁著等待開演的空檔，我和他閒聊了起來，並去吧台買了兩瓶可樂娜啤酒，和他對飲同樂。

後來才知道，他是台北知名酒店集團的董事長。

音樂會結束之後，老大哥發了訊息，邀請我兩天後去他的酒店喝下午茶聚聚。

因為彼此相談甚歡，所以我很開心的立即回覆他「不見不散」。

後來才知道，原來當天我對這位「陌生」老大哥所展現出來的親切，以及那罐沁人心肺的可樂娜啤酒，讓他在這冷漠都市叢林裡，感受到了「久違的溫馨」。

兩天後到了老大哥飯店，他已經親自在餐廳擺滿整桌的點心和飲料，等著和我這位小老弟暢聊。

說實話，看著老大哥的熱情以及超乎期待的費心打點，我心中已油然產生了尊敬之情。

隨著進一步交流，老大哥告訴我，他從小雖不是個會讀書的孩子，但在生活當中卻把「願意」這兩字，看作是成長的密碼。

舉凡職業的選擇、朋友的交往，又或者是後來的創業，以及人生當中各種境遇，只有當「願意」了，生命才能夠更加豐富，也才能夠有更多的選擇和看見。

尤其他說自己本來身體不是很好，而且之前還體重過重，有三高的困擾。

後來是靠騎車、跑步及鐵人三項，讓他瘦了下來，不僅找回健康，也讓生活的品質大幅提升。

然後他又再次強調，這一切的一切，都是因為「願意」這兩個字。

聽到這裡，我忍不住點頭如搗蒜。

後來知道老大哥年輕時初入職場，一開始如魚得水的職業，就是從「業務」起家。

而「業務」最厲害的功夫，就是當讓你熱血澎湃、點頭如搗蒜的當下，開始準備提要求，要你買單了。

果不其然，趁我點頭未歇的時候，他突然問我：「下週四早上，我邀請你去騎風櫃嘴，你願意嗎？」

聽到這樣子的邀約，一方面我並不清楚風櫃嘴在哪裡；二方面我都已經「點頭」如搗蒜，承認「願意」兩個字的重要性了，這個時候，頭又怎麼搖得起來？嘴巴又怎麼能夠吐出拒絕的話語？

何況，我也偷偷 Google 了一下，從我家到風櫃嘴來回，也不過二十多公里。

想起我之前，也曾經騎過 YouBike 在河濱自行車道「馳騁」了三十多公里。

所以，也就沒有把這樣子的邀約，當成是有任何難度的挑戰放在心上。

直到當天早上，騎著我家那台淑女車赴約的時候，我才終於發現「風櫃嘴」是在陽明山上。

而二十多公里的「距離」雖然沒什麼，但是要爬升四百多公尺的「坡度」，卻真的是很有什麼。

重點是當我在騎乘過程中，累得上氣不接下氣，而且屢屢騎不動無法繼續、想要牽車的同時，卻看到這位大我十多歲老大哥，不僅一派輕鬆的騎乘，甚至還能像鯊魚一樣，在上下坡之間，陪伴著吃力的我不斷洄游。

真的讓我在心中直呼「不可思議」。

這也是為什麼後來我毅然決定，要買自行車、騎自行車、練習跑步、練習游泳，甚至練習鐵人三項的原因。

因為，如果連大我十多歲的老大哥，都可以在六十歲的時候，開始並持續這種運動，甚至完成鐵人三項。

那麼當時才四十多歲的我，又有什麼藉口，說自己辦不到呢？

以前一度認為自行車就只是代步工具，或只能是在河濱兜兜轉轉。

甚至還曾經認為騎自行車上陽明山的人，肯定是家裡買不起摩托車，才會騎自行車（後來才知道車友們的自行車，好多都比摩托車還貴。）

原來，真的是我狹隘了。

這讓我想起了曾經看過的兩句話：
不是自己多優秀，
而是自己圈子弱。

有位老師說過，「自律」不見得都會讓自己進步，因為自己不見得知道，自律的方向是不是往好的目標前行。

想要進步，最簡單的方法，就是加入那個你想要成為樣子的圈子。

像我從半導體進入了銀行業，自然對金融投資領域的知識會突飛猛進;加入了合唱團，歌唱技巧和音樂底蘊就會增加;加入讀書會，也會耳濡目染慢慢積累各式各樣知識的內涵。

想成為那個樣子，
就加入那個圈子。

因為有樣，
所以學樣。

近朱者赤，
近墨者黑。

潛移默化，
總會變化。

思考練習

自己有沒有在生活或職場上，期待成為什麼樣子？而這種樣子，是否有可以參照的榜樣或圈子來加入，讓自己的養成得以事半功倍？

16

君子愛財

工作之餘，如何讓自己更有價值？

◆◆◆ 主要觀念 ◆◆◆

只要幫助別人成功
就是幫助自己成功

每當我和別人聊天，說自己曾經在直銷產業經營了將近兩年的時間，大家都會很訝異，好奇我是出於什麼樣的機緣接觸直銷。

其實，起心動念很簡單，就是想賺錢。

由於透過朋友的介紹，參加了幾場直銷的說明會，而決定去試試看。雖然將近兩年的時間，沒有讓自己累積到實質金錢上更多的財富。

但是那段拼命吸收學習、上課聽演講的時光，以及快速當上內部講師之後，分享授課的經驗，也成為日後非常重要的無形資產和財富。

尤其當時最讓我印象深刻的講師，他常常掛在嘴上的一句話，就是——

要能讓自己成功，
就先幫別人成功。

而且，他說這樣子的觀念，其實不僅限於直銷，各行各業也都非常適用。

想想如果身為屬下，能幫助主管成功，那麼自己也就容易成為主管提拔的首選。

想想如果身為同事，能幫助夥伴成功，那麼自己也就容易成為夥伴合作的首選。

想想如果身為主管，能幫助屬下成功，那麼自己也就容易成為屬下跟隨的首選。

常常聽到別人說：

一個人走得快，

一群人走得遠。

後來才發現，不管是在生活上面、工作上面，又或者是在創業上面，真正的成功，本來就是因為「提供價值」給他人，所以才會讓他人樂於「反饋價值」給自己，形成一個「良性循環」的結果。

總要傳遞價值，

才能獲取價值。

當然，說到「幫助他人」，最常讓我們想到的就是「公益」兩個字。但是，如果沒有做公益，是不是自己幫助他人的力道就少了一點呢？

這讓我想到有次朋友聚會，好幾位老大哥要嘛已經退休，要嘛屆齡退休，席間除了聊到要開始準備退休的生活，又或者是培養興趣的時候，有人聊到了做公益。

畢竟，除了賺錢之外，感覺公益是件非常有意義，又是「利他」、「幫助他人」的行為，所以這個話題一下子引起了大夥兒的興趣。

只不過聊著聊著，其中有位年紀較輕的兄弟就說，他覺得自己很愧疚。因為自己每天都只是埋首在工作當中，沒有好好思考怎麼樣的去「幫助別人」，怎麼樣的去「利他」？

最後還拋下了一句話，說自己是不是除了好好「利己」之外，也應該要好好想想如何「利他」？如此，他才能夠變成一位有價值的人？

這時，坐他旁邊聽著他自我批判的老大哥，忍不住放下剛拿到嘴邊的可麗露，轉頭對他說：「好好乖乖地利己，不好嗎？」

這位兄弟愣了一下說：「啊？」
接著老大哥繼續問………
「你作奸犯科了嗎？」
「你傷天害理了嗎？」
「你為非作歹了嗎？」

還不等這位年輕兄弟回答，老大哥接著搶話說：「看來，你沒有嘛！」

「所以咯，你看看，你光是沒有帶給別人麻煩，把自己顧好，不就是利他了嗎？」老大哥邊說，還啜了一口咖啡。

看到這位年輕兄弟似乎心有所感地點了點頭，老大哥繼續說道……

「何況，雖然你認真工作是為了自己，看起來只是利己，但是幫了同事、幫了老闆，給出產品、給出服務，也直接幫了客戶，難道說這不是利他？」

這位年輕兄弟聽完，又點了點頭。

「難不成便利商店的員工們，為了他們自己的薪水，為了利己在工作，然後提供給你最愛的咖啡，就不算是利他？」老大哥繼續一字一句地說著。

這位年輕兄弟聽完，又點了點頭。

「所以咯，好好乖乖地利己，不好嗎？」大哥看著年輕兄弟問著。

這位年輕兄弟聽完，又點了點頭。

好好活著，
不僅利己。

好好活著，
也是利他。

原來利己，
也能利他。

因為利己，
所以利他。

記得以前在學經濟學的時候，聽老師說過，所有商業交易本質上就是從「利己」到「利他」的過程。

因為每個人要掙錢為了能夠衣食無虞，讓自己能夠活得下、活得久、活得好，本身就是一種「利己」的動力。

但是既然要掙錢，就得拿出別人需要的產品或服務去交換，而這些都是自己投入勞力或智力的結果。

當我們提供產品或服務給需要的別人，也就順勢達成了「利他」。

其實，從「利己」到「利他」，就是「商業」，也是「市場」。

原來利己，
也能利他。

因為利己，
所以利他。

思考練習

想想看生活和工作上面，你所做的事情，除了幫助自己延續生命、達到想要目標之外，是否也同時提供相對應的「價值」給身旁的人，以及這個社會？
試著寫下來，因為我們存在，讓這個世界有了哪些不一樣？

17

孝悌也者

功成名就，才是孝順父母嗎？

◆◆◆ 主要觀念 ◆◆◆

沒有什麼沒有用

所有什麼都有用

有回朋友們聚在一塊兒，提議要玩真心話大冒險。

其中有個提問環節，是要大家說出在孩提的時候，曾經最怕的人是誰？

結果有人說是老爸、有人說是老媽，更多的人說是可怕的班導師。

還有人說是自己的哥哥姐姐、隔壁鄰居的大個子，還有人說是巷口的怪老頭。

直到有位好友，大聲地說出「父母親口中『別人家的小孩』」，幾乎所有人都瞬間摒氣凝神、相識一笑，然後同時爆出熱烈的掌聲，大表贊同。

想想確實是如此，從小到大，幾乎很多人都希望成為父母親的驕傲。

而爸媽心中的最佳標竿又或者是比較的基礎，通常都希望自家的孩子能夠「變」得像「別人家的小孩」一般的優秀、一般的有出息。

當然，我也不例外。

何況，父親在我國中的時候英年早逝，能夠出人頭地為母親分憂解勞，一直都是我努力用功，往前奔跑的關鍵動力。

所以一直以來，從同學到同儕，都是自己競爭和比較的目標。

也因為如此，進入職場之後便拼命的加班、長期的超時工作，早出晚歸與家人相聚甚短便成為常態。

甚至是後來加入金融業，成為常駐海外的派遣人員，更是因為遠離家鄉，而和親人聚少離多。

曾經好好算過，在海外呆了將近七年，那段日子中每一年和母親相聚的時間，幾乎是用不到兩個巴掌的簡單計算，就可以數得過來。

因此，當我 2012 年身體不適，決定提早退休，離開高壓職場的時候，就特別把「陪伴母親」當成是一個既定的目標，很認真的放在自己生活計劃裡。

因為，我想要「變」得不一樣。

我不想在功成名就的背後，卻忘記了最寶貴的追求，是和親人之間關係的連結，以及甜蜜的陪伴。

所以後來我很簡單的把每週五空下來，並在手機行事曆寫上「和老媽約會日」。

認真說起來，與其說是把每週五空下來，倒不如說我是「先」把「陪伴老媽」這件事情，當成優先級別最高的行程，放在了日曆上。

不僅留時間給工作，
更要留時間給生活。

或許很多人會說，不過就是一個禮拜一天而已，沒什麼大不了，和原來比起來也並沒有什麼偉大的變化。

如果就短時間來看，一個禮拜一天，一個月只有四天，確實也沒有什麼大不了。

但是轉眼間，從 2012 年回來到現在 2024 年，這十二年當中，如果以每年 52 週，探望母親約五十天左右來計算，我也有將近六百多天的時間，陪伴在母親身邊。

任何不起眼的「小」事，一旦加上「時間」這個因素，在「持續累積」的情況下，就會變得不凡，就會變得不小。

只要累積，
就有奇蹟。

更何況「情感」這個無形的財富，本來就是靠「陪伴」持續的增溫，變得更深，變得更濃。這不是任何功成名就，又或者是任何有形的財富能夠買到的瑰寶。

記得有次回到眷村故鄉，到老鄰居家坐坐時，聊起了小時候的往事，鄰居的老媽媽開玩笑的數落起他兒子，也就是我從小一起長大的玩伴。

說她兒子都不懂得好好唸書，沒有像一些「別人家的小孩」有高學歷、有好成就。

最後還戲謔的對她兒子說，養了這麼大，真的是沒什麼「路用」。

沒想到她一向幽默的兒子，聽完之後也不以為意，然後漫不盡心的對他老媽說：「對啦，我是沒有高學歷，沒有出國賺大錢，沒有路用啦……

但是吼，也不知道妳身體不舒服的時候，還有我們這些附近的媽媽們、伯伯們，要看病的時候，都是誰帶你們去的？

好像都不是這些遠在天邊的、很有路用的兒女們吼，對不對？」

這位老媽媽聽完他兒子一連串回嘴，雖然臉上不屑地給了個大白眼，但是整個嘴角都一直面露著燦爛的笑容。

「哈哈哈～嘿啦，嘿啦，你最有用、你最嗷啦，我們整個村子就都靠你啦。」聽著老媽媽沒好氣的回答兒子，我可以感受到那深深又溫暖地幸福與喜悅。

優秀，雖然有用；
平凡，更有大用。

沒有什麼沒有用，
所有什麼都有用。

幸福可以很簡單，
簡單可以很幸福。

思考練習

從小認為父母親想要你變成的樣子，和長大之後的你，是否有很大的落差？

在你心目當中，一個孝順的孩子，應該要長成什麼模樣？

18

陰錯陽差

找不到心儀的工作，該怎麼辦？

◆◆◆ **主要觀念** ◆◆◆

如果計劃有了變化
就把變化納入計劃

雖然我大學主修的是工業工程，但是研究所決定轉念企管並主攻財務之後，對於心中未來職場的發展，已經把方向鎖定在財務的領域。

當然，台北屬於金融圈總部主要聚集地，就成為了我計劃首選。

但服完兵役退伍，因為想要留在靠家裡近點的地方工作，好陪伴母親，所以反倒是決定先就近在科學園區紮根。

原來想的計劃，
就這麼變了卦。

其實，這也是因為在新竹空軍基地當了兩年預官後，才轉變的想法和決定。

因此，「計劃會有變化」，一點都沒錯。

不過，就算是求職的目標區域從台北變成科學園區，當時自己還是希望能夠在企業內謀得財務的職位。

然而，希望歸希望，但丟出去的履歷，不是石沈大海，就是求職公司的財務單位都沒有空缺。

結果在焦急等待中，反而是幾家半導體公司，他們的工業工程部門或製造部，投來橄欖枝，給了我面試機會。

雖然不是心目中計劃的財務職位，會有點遺憾，但是想著總是要嘗試才能往前走，就欣然接受了所有的面試邀約。

原來想的計劃，
就這麼變了卦。

讓我最感激，也是最精彩的經驗，就是在台積電製造部的應聘過程。

記得當天去面試的時候，我穿著大家對於企管研究所 MBA 想像中應有的裝扮，西裝、皮鞋加帥氣領帶，一副白領階級模樣，逕自往台積電赴約。

引導我的人力資源窗口，帶著我到了一位王經理的辦公室。而這位王經理，成為了我日後非常重要的貴人，也是眾多身旁好友尊敬的長官。

只是當時王經理身著白色短衫及牛仔褲的一副輕鬆裝扮，明顯和自己這種正經八百的著裝，形成強烈對比。

霎時，讓我的情緒變得忐忑不安。

他似乎看出了我的尷尬，指著我的衣服，對我說了一句：「感覺上，我比較像是找工作，而你像是來面試我的。」

說完我們兩個同時相視一笑，讓原來感覺凝結的空氣，突然間暖開了起來。

接著，我倆就很自在地彼此交流。

其間，我簡述自己大學工廠實習經歷、企管研究所主修的投資專業，以及成本效益分析的相關見解及想法。

除了學業，也分享過往在餐廳駐唱、開立補習班，以及電台打工的各種人際關係點滴和趣事，凡能說的都聊了個遍。

事後想想，王經理真是位令人尊敬的領導人，可以給予我充分的「心理安全感」，讓我能正常展現、自在發揮，也讓他可以了解更全面的我，進而做出相對更適合我們彼此的決定。

王經理甚至後來還找了他四個直接下屬，陪我一起聊天交流，帶我進工廠參觀並詳細介紹製造流程。

對於從來沒有面試經驗的我來說，除了非常新鮮和感動之外，我也誤以為這樣的流程是理所當然。

殊不知，這是王經理惜才、愛才，也是為公司著想，讓招聘能夠適才適所的智慧安排。

那天面試，最後整整經歷了四個多小時。當人力資源窗口送我離開公司的時候，我似乎也不這麼堅持原來想要應徵財務的這件事情了。

原來想的計劃，
就這麼變了卦。

畢竟，突然想起了研究所學長，在我們畢業時給的臨別贈言……

三百六十行，哪一行最好？
三百六十行，跟對人最好。

沒有慧根，
也要會跟。

王經理這麼難得的領導人，怎能不跟？

後來我也真的非常幸運，成為了公司正式的員工。

先進入工廠製造部歷練了一段時間，接著又被王經理推薦轉到工業工程部門。

而在工業工程部門裡，主要負責的工作，就是理解整個製造部的成本計算、產能規劃，以及建廠所需要花費的資本支出。

這些對曾經在製造部待過的我來說，變得相對得心應手。

而所有成本計算、產能規劃，以及資本支出的工作，就是為了幫助公司進行賺錢與否的效益分析。

如此一來，肯定需要跟財務會計有密切的合作關係。

只要有合作，就會被看見；被看見而又做得好，就會被認可，也就有可能被延攬成為團隊的一員。

對，沒錯！最後我被財務會計部門延攬，經過內部轉職，成為了其中的一員。

原來想的計劃，
就這麼變了卦。

所以雖然一開始的我，沒有進入期待中的財務會計部門。

但是兜兜轉轉之後，從製造部、工業工程部，最後還是進了財務會計單位，成就了一開始求職時的夢想。

原來夢想——

不僅要想，

更是要做。

更重要的關鍵是，

如果計劃有了變化，

就把變化納入計劃。

在乎計劃，

關注變化。

因應變化，

也是計劃。

思考練習

回想自己過去的經歷，有沒有曾經因為外在環境的變化，而改變了自己的計劃；結果到最後，還是回到了自己原先的計劃？

19

習慣迷思

一直以來都這麼做，有什麼問題嗎？

◆◆◆ **主要觀念** ◆◆◆

過去就算都這樣
現在未必也這樣

記得 2020 年開始擔任職業企訓講師，才首次嘗試執教長達七個小時的課程。

以前在公司內部擔任訓練講師，最多上課時間都是兩到三個小時。

既然從來沒有上過七小時的課程，所以對於備課，是既期待又格外緊張。緊張的原因，倒不是怕面對學生會詞窮或語塞，說不出話來。

而是課程長達「七個小時」。在這麼長的時間裡面，要怎麼樣能夠兼顧內容、知識點和笑話，以及該要安排的活動和休息時間，就變得比短時間課程來得複雜，也讓我神經緊繃。

所以記得那時候備課的投影片，做完之後，高達兩百多張。

除了課程詳細、豐富的內容呈現之外，更重要的是有很多投影片，是對我自己的「提醒」，也就是告訴我下一步該做些什麼事情。

換句話說，投影片不僅是為了內容知識的傳遞，更是我上課重要的「依賴工具」。

這種「依賴」，變成習慣之後，就一直被我視為是理所當然。不管是七個小時的企業內訓，又或者是兩個小時的公開演講，都是如此。

「投影片」變成是重要如陽光、空氣和水般的存在。

而事前電腦確認、各種不同轉接頭、投影筆、電腦充電線、甚至是避免字型跑掉額外存的 PDF 檔案，都成為「投影片」能正常作業的準備和習慣。

這種「準備」，這種「習慣」，這種對於投影片的「依賴」，也變成我所有演講和上課流程的理所當然。

直到有次受邀到一個知名半導體公司，進行三個小時的演講，才讓這「準備」、「習慣」有了不同的轉變。

那天我到了對方公司大廳的時候，才得知個人電腦不能帶進企業內部。

更令人沮喪的是，我當天沒有帶任何的儲存記憶卡，而電腦又連不上網路，沒法將檔案給寄出，我事前也沒有把檔案先寄給對方公司。

換句話說，就是天時、地利的所有條件配合之下，讓我沒有辦法把投影片帶進他們公司。

所以，最後我只能隻身單刀赴會，用一隻麥克風和一張嘴巴，完成了一場沒有投影片的演講。

雖然分享內容和原來投影片「大相逕庭」，但最後的評價卻仍然博得滿堂彩。

心裡禁不住吶喊：「竟然，這樣也可以。」

原來，
所有理所當然，
不過只是習慣。

接著刻意在後來的演講邀約，又嘗試了幾次。也就是告訴主辦單位，我沒有投影片，沒想到結果也都得到不錯的反饋。

就這樣，我有了新的選擇，自然而然也有了新的習慣。

有趣的是當我簡報不用投影片，我就不需要準備投影片，也不需要攜帶任何的轉接頭，投影筆及充電線等。

所以，大幅降低了事前準備的工作時間、演講前測試的工作時間，甚至不需要在乎電腦放映過程中，可能產生的錯誤，以及投影中斷造成的窘迫意外。

以前在半導體工作的時候，「流程改善」是老闆常常耳提面命的四個字。

而最常掛在嘴邊針對流程改善的四個工具就是ECRS，他們分別是「刪除（Eliminate）、合併（Combine）、重排（Rearrange）、簡化（Simplify）」。

其實，只要流程步驟越減少、越單純，不僅時間可以大幅縮短，出錯機率也會顯著降低。

步驟越少，
結果易好。

這也讓我想到以前在半導體業工作時，學習到的PDCA（**P**lan-**D**o-**C**heck-**A**ction）循環式品質管理，其核心概念就是——

打破習慣，
持續改善。

曾經聽到個小故事，是說一個女兒，看她媽媽每次都會把蒸好的一條香腸，頭尾切下來之後再端上桌。

她就很不解的問媽媽，為何要這樣做？

聽到這樣子提問，她媽媽也懵了，說她不知道，只是一直以來看外婆都是這麼做著。

所以她們母女倆，就一起打電話請教外婆這麼做的原因。

沒想到外婆在電話那頭聽了之後，忍不住哈哈大笑，說以前是因為家裡盤子太小、香腸太長，避免香腸兩頭懸在盤子外面會滴油，所以才把兩頭切掉放在盤子中間。

因為這樣不僅避免油會滴在桌上，還可以把油收集起來炒菜用。但現在大家盤子都這麼大，哪還需要再把香腸的頭尾給切掉啊！

母女倆聽完之後，忍不住跟著外婆大笑，也解了一個心中的疑惑。

從此以後，再也不用把香腸的頭尾給切掉了。

原來，
過去就算都這樣，
現在未必也這樣。

因為與時，
所以俱進。

想要更好，
就會更好。

思考練習

檢視並選擇自己生活或工作上，一個視為理所當然的習慣，
看看有沒有辦法，用更加簡化的方式來做嘗試？
進而讓流程可以變得更加單純、省時，甚至減少出錯和發生意外的機會？

20

挺身而出

如果別人不做，那就我來！

◆◆◆ 主要觀念 ◆◆◆

不是因為突出才付出
而是因為付出才突出

在半導體產業任職時，認識了一位非常照顧我並極度優秀的前輩。

他在三十幾歲的年紀，就做到了一家上市企業的總經理。聽聞如此傲人資歷，好奇他是如何一步一腳印的達成，我忍不住向其請益。

似乎面對這種詢問，他也已司空見慣。所以他刻意避開直接回答，卻給了個玩笑般的即時回覆，又令我匪夷所思的答案。

他說，可能是自己除了認真拼命學習工作之外，運動神經也非常好、體能也非常棒的原因吧！

我聽完這樣子的回答，簡直是一頭霧水。

看著我愣在當下的模樣，他忍不住哈哈大笑，娓娓道來他的故事。

他說大學畢業，當完兵之後，一開始到了公司工作，還真的就把這個體能的優勢發揮到了極致。

那時剛進公司，雖然他是部門最菜、最年輕新人，但原則上，值大夜班這份工作，也是同樣和其他資深工程師一起輪值。

只是他覺得身為新人，應該要多學習，而且年輕體力好，加上幾位資深工程師幾乎都已經成家，甚至是有了剛出生不久的孩子，所以他就自動請纓，願意擔負更多大夜班輪值的工作。

甚至是碰到任何緊急需要處理的狀況，前輩有要務在身沒法及時完成，他也會自動「補位」，幫助團隊完成既定目標。

所以，大家最常聽到他掛在嘴巴上的一句話就是：「我來。」

也因為如此，當他在工作或任務上有任何不理解、不清楚情況發生的時候，幾乎所有人都願意給他協助、給他指導。

畢竟，當他學會之後，大家都心知肚明這位常常把「我來」當成口頭禪的年輕人，會成為其他人的助力。

就這樣，我這位老前輩，在極短時間之內學會了十八般武藝，還贏得了非常好的人緣。

而也因為處理的問題多、解決疑難雜症的經驗足，所以沒想到後來在晉升拔擢的時候，他竟然超越資深同事們，成為了大家的主管。

就像他說的——
願意我來，
能力就來。

挺身而出，
就會突出。

這也讓我想到自己剛進入職場時，直屬主管就告訴我，未來不管是任何專案，如果是別人不想做的工作，尤其是一些看起來不重要的打雜工作，若自己行有餘力，就把它給承接下來。

不要害羞的大聲說一聲：「我來。」

畢竟，
只要說了一聲：「我來。」

因為學習理解，知識就來；
因為解決問題，經驗就來；
因為幫助團隊，人脈就來。

而這個「我來。」就此烙印在我心中，成為重要的簡短座右銘。

記得有次我被指派參加一個專案，主要是跟其他公司談判，商討建立合資公司，以及技術移轉的策略和執行方案。

事實上，當我加入的時候，這個專案已經運行了將近半年。

雖然我職位在團隊中相對較高，但對於專案來說，我只不過是一位中途加入的「新兵」。

因此在我第一天參加會議時，當有人問到：「今天是誰要做會議記錄？」

我想都沒想，立刻把手舉起來說：「我來。」

就在眾人帶著驚訝目光看著我的同時，我擺出一幅人畜無害的笑臉，對著大家說：「請給我一個學習機會，畢竟我是專案的新人。等會兒我記錄完畢之後，再請大家審閱，看看有沒有需要修正的地方。」

聽完我這樣子的「要求」，幾乎所有的人都點頭稱好，並且此起彼落的對著我說：「謝謝」「麻煩你了」……

就這樣，接下來每個禮拜的定期會議，我幾乎都主動用「我來。」承接了所有會議記錄，如此持續將近半年多的時間。

從一開始，會議結束之後，我會認真地徵詢每個人，對於會議記錄是否有疏漏或錯誤，並收穫很多的修正和更改建議。

後來才不過一個多月的時間，修正和更改就幾乎趨近於零。

因為，我「變」得不一樣了，我從「新人」快速地變成了「熟人」。

其間，我透過會議記錄的意見徵詢，不僅更加了解之前所有專案的來龍去脈，更知悉了所有團隊成員、合作公司對於專案的期待，以及目前的執行進度。

這麼一來，在會議記錄的撰寫上面，就更能精準地遣詞用字，也讓所有專案參與人員，以及雙方公司主管，都能透過會議記錄，更有效率和效能地推動後續工作。

沒想到，在專案進行到將近九個月的時候，我方的專案經理因為另有要務，臨時被調到其他子公司去支援。

而我這個原來專門做會議記錄的成員，竟突然被大家推選為新任的專案經理。

從「新人」到「信任」。原來，「我來」兩個字，有這麼大神奇變化的魔力。

不是因為突出才付出，
而是因為付出才突出。

挺身而出，
就是付出。

只要付出。
就會突出。

思考練習

回想自己在人生或者是職場的道路上，有沒有因為持續不斷的付出，而在沒有任何期待的狀況下，自己的付出被看見，而成就了一個沒有預期到的美好結果？
試著把過程寫下來，看看從付出到突出是怎麼樣的一個經歷。

21

敢於不同

我的好建議他都不聽，該怎麼辦？

◆◆◆ **主要觀念** ◆◆◆

別把自己的喜歡
當成別人的喜歡

有回幾個朋友約在一起喝下午茶，沒什麼特殊目的，只是有段時間沒見面，然後有人「主動」邀約，就有人「主動」附和，如此而已。

想起那句時時刻刻提醒自己的座右銘，「**人生之所以有意義，從來不是你做了多少事，而是你『主動』做了多少事。**」

總覺得能夠掌控自己時間的「主動權」，做自己生命的主人，真就是件美好幸福的事。

在聊天過程中，有位兄弟敘述他的父母親退休之後不太運動，他非常的煩惱、也很擔心。

畢竟，不管是骨質疏鬆症又或者是肌少症，都有可能造成老人家的健康走下坡，而其中重要的解決方案就是「運動」。

尤其像他自己是個十分喜歡跑馬拉松的好手，所以一直希望把父母也拉進他的跑步圈裡來。

所以他急呼呼的對我們說：「跑步這麼好的運動，真搞不懂我爸媽為什麼不去試試看？

怕他們覺得難、覺得累，還告訴我爸媽說，就算慢慢跑也沒有關係。尤其現在超慢跑這麼流行，又不是一定要跑到氣喘吁吁。

但他們，就是不願意。

老人家真的就是很難改變，讓我是一個頭、兩個大。

難怪有人說，皇帝不急，急死太監。」

看著他情緒高漲、劈哩啪啦忍不住說了一堆之後，終於稍歇停了下來休息半晌。

這時候，我們有位專門練鐵人三項，而且游泳特別厲害的老大哥發話了。

大哥一邊喝著咖啡，吃著腰果問他說：「你要不要和我一起去挑戰橫渡日月潭，非常好玩喔！」

他聽完這樣子的邀約，突然愣了一下，對大哥說：「哎呀，您不是知道我是旱鴨子嗎？」

大哥露出一抹詭異的笑容，繼續說道：「所以咧？那又有什麼關係？最重要的是，我覺得非常好玩，我很喜歡啊！

而且游泳是最不容易受傷的一種運動，難道你不想試試看嗎？

說不定，你會喜歡上游泳喔？」

他躊躇了一下，雖然有點拗不過大哥的邀約，但還是堅定的回覆他說：「可是我就是害怕游泳，我就是不喜歡游泳。

所以，還是算了吧！謝謝大哥的好意。」

大哥聽完他的拒絕，臉上沒有露出任何的慍色，反倒是微笑地對他說：「喔～原來你會害怕、會不喜歡啊。

那……好吧，我就不勉強你做我喜歡的運動了。」

大哥在講的時候，還故意放慢速度，並在「害怕」、「不喜歡」、「勉強」和「我喜歡」這幾個字眼上，加強了重音。

突然間，這位愛好馬拉松的兄弟沈默了。

他低頭沉思了一會，然後對大哥說：「我懂了，我會再想想有沒有讓我爸媽喜歡的運動，還有他們能夠接受的方法……」

這讓我想起了班傑明・富蘭克林的兩句話：
不要說之以理，
而要誘之以利。

原來，每個人都不同；每個人都是獨特唯一的存在。

類似的場景，也發生在我非常喜歡的一位說書人——樊登，他的某一次演講分享裡。

他說有次到朋友家去玩，正巧看到朋友在指導自己的兒子學鋼琴。由於朋友本身是位非常知名的鋼琴演奏家，所以他對兒子的指導特別嚴厲。

樊登說當天一進朋友家門，就聽到朋友高分貝的語調，正在嚴厲喝斥自己的兒子練琴不用心。

接著聽到他對兒子說：「如果不好好把琴練好，將來長大還能有什麼出息？」

過了一會朋友情緒稍微和緩，終於過來聊天的時候，樊登假裝很怯懦的對著他朋友說：「欸～我是不是應該也來學學鋼琴，要不然，怕自己這輩子沒什麼出息了？」

一句玩笑話，霎時把那位鋼琴大師搞得有點不好意思、手足無措。

然後對著樊登說：「我不是這個意思，其實，我只是希望兒子他學習東西要能夠堅持，要有毅力而已。」

樊登聽完之後也不以為意，接著問他：「鋼琴是您的熱愛，所以每天練都不覺得累，就像我喜歡說書，怎麼說都不會累是一樣的道理。

但是，您的兒子也同樣熱愛鋼琴、喜歡鋼琴嗎？」

簡單的問題，讓這位鋼琴大師陷入了深深的沉思。

小時候讀論語，都非常清楚和記憶深刻的一句話，叫做——
己所不欲，
勿施於人。

長大後讀莊子，才慢慢體會和貼心理解的一句話，叫做——
己之所欲，
勿施於人。

每個人都不相同，
每個人都不一樣。

我們……
既不用把別人變成自己的樣子，
也不用把自己變成別人的樣子。

別把自己的喜歡，
當成別人的喜歡。

自己有自己喜歡，
別人有別人喜歡。

相同也好，
不同也好。

尊重喜好，
就是最好。

思考練習

回想自己成長的歷程，是怎麼樣一步步變成今天的模樣？除了別人給自己的建議，或者別人強加在自己身上的要求，有沒有哪些決定是根據自己的喜歡或愛好，才找到屬於自己的樣子？

22

過目不忘

常常讀過的書都忘了，該怎麼辦？

◆◆◆ 主要觀念 ◆◆◆

記得住的是啟迪
記不住的是洗滌

偶爾會有周遭的朋友問我，怎麼樣讀書，才可以記得住、記得牢？

其實，這是因人而異的問題，尤其每個人記性都不太一樣。

很多人總覺得自己讀得多、忘得快，不是很符合經濟效益。所以要怎麼樣避免學習過後，卻記不住的窘境，就是會讓大家關心的核心問題。

這時，我通常會很認真地面對提問的朋友，分享自己在學習道路上的兩句話：

記得越少，
記得越牢。

簡單講，就是不需要讓自己把學過的東西全盤都記下來，有時只需記住少數關鍵知識點，既能夠記得住，又能夠記得久。

這樣，就好了。

與其「貪多嚼不爛」，想要記得很多，但最後結果是全都忘了，那不如讓自己記住少一點，最後反而記得牢一點還比較實在。

就像我通常在讀過一本書之後，只會讓自己記住書中的一個故事和一個觀點，然後再刻意回想自己的一個故事和其印證，最後再總結自己的一個心得。

我把它叫做「**四一法則**」：
一個書故事，
一個書觀點，
一個我故事，
一個我心得。

雖然只有「四個一」，看起來記得不是很多，但久而久之，透過時間的累積，自己就會慢慢變得不一樣。

簡單來說，很多時候未必要把自個兒逼得太緊，試著放自己一馬，或許反而可以讓自己「舒服」地享受閱讀和學習的過程。

畢竟
舒服才做得久，
做久才做得好。

況且連查理・蒙格都說，他每天的心願，也只不過是在晚上睡覺的時候，比早上起床時「聰明一點點」。

一點點也很好，
一點點也就好。

雖說如此，偶爾還是會有些朋友帶著焦慮問說，如果花了那麼多時間閱讀和學習，但最後忘了一大堆，甚至有時幾乎全都忘了，那不是既浪費金錢又浪費時間嗎？

是啊！如果真的是學了又忘，好像白學了一樣，那是不是真的就是「浪費」了呢？

曾經，聽過一個非常喜歡的故事……

話說有個孫子總覺得自己學習能力不好，有天問他的爺爺，說自個兒記性極差，常常是書讀很多，但忘的卻更多，就像我們常常開玩笑所說的「一目十行，過目即忘」。

所以孫子很苦惱的請教爺爺，在這樣子情況之下，他是不是別把時間「浪費」在閱讀上，而應該試著去做其他的事情？

爺爺聽完之後，沒有立刻給孫子答覆，反而叫孫子去屋子旁邊，拿一個平常用來裝菜，竹子編的籃子。孫子拿過這個竹編的籃子，上面還沾滿了早晨裝菜後，田裡乾呼呼的泥土。

然後爺爺叫孫子，拿著這個竹籃，到屋子前面的井裡去打水。而爺爺自己則拿了個木盆，感覺很認真的要孫子把打來的水，倒進這個木盆裡。

孫子一開始以為爺爺要和他玩遊戲，也就沒有拒絕爺爺的要求。

直到他把這個竹籃拼命裝水，又拼命把漏水的竹籃端到爺爺面前，卻幾乎倒不出任何水進木盆裡的時候，他才忍不住向爺爺抱怨說：「用竹籃接水，水就會一直漏、一直漏，根本沒有辦法留住任何的水嘛！」

這時，爺爺很溫柔地看著他，然後對他說：「但是，乖孫子，你好好的看一看，現在你的竹籃子，和之前有沒有什麼不一樣？」

就在爺爺問他的時候，孫子才發現原來沾滿泥土的竹籃子，這時候已經被井水沖刷得煥然一新。

「哇，竹籃變得好乾淨喔！」孫子興奮的驚呼。

「是啊！」爺爺溫柔的回應。

「就算竹籃因為漏水，所以沒有辦法讓水留住。

可是一而再、再而三經過的水，卻讓竹籃變得不一樣了。」爺爺一直一字一句慢慢地對孫子說著。

「人就像竹籃，讀書就像水；水經過了竹籃，就像書經過了人，或許看起來未必留住什麼，但是總會變得不一樣。」爺爺說完之後，孫子怔怔地盯著竹籃，似懂非懂地點點頭。

原來，

學了總有記得住，

學了總有記不住。

記得住的是啟迪，

記不住的是洗滌。

記了也好，

忘了也好。

啟迪也好，

洗滌也好。

思考練習

通常自己在讀書或學習的過程當中，是透過什麼樣的「方式」，讓自己可以牢牢記住所學的點滴？你覺得這種方式有效嗎？

如果沒效，接下來會採取什麼更好的方法來提升記憶？

23

人生成為

如何應對這個變化萬千的世界？

◆◆◆ **主要觀念** ◆◆◆

懂知足也能不知足
懂不知足也能知足

有次去參加一個好朋友的節目邀訪，主要是分享我的著作《人生成為》（幸福文化，2024 年）。

由於和主持人已經是老朋友，所以除了暢談書中內容，也時不時地岔開話題，分享一些生活的體會和感悟。

就在聊得很開心之際，主持人突然想到了什麼，忙不迭地拋給我一個問題。

他說，每個人都希望成為自己心目中的「那個美好樣子」。而「那個美好樣子」，其實通常都是身旁周遭一些標竿人物，所深植在心裡的模樣。

我聽完後，看著主持人，對著麥克風若有所思的點點頭。

他繼續說道，可是很多時候，他身旁朋友就會「慨嘆」。

我怔怔地盯著他，想知道他朋友到底為了什麼「慨嘆」。

他突然縮了話尾，端杯喝了口茶之後，慢悠悠地說道，這個「慨嘆」主要來自於，為什麼有人生來就含著金湯匙，起點硬是比別人來得高。

老天爺為什麼這麼不公平，讓這些人什麼事都不用做，「人生」就可以「成為」很多人心目中，羨慕的「那個美好樣子」。

主持人停頓了一下之後，看我沒什麼反應，才又繼續問道，我會怎麼看待這樣子的「慨嘆」？

聽完他的問題，我讓「慨嘆」兩個字的餘音，在空中消散了一會兒，才緩緩地分享一個小故事。

就在受訪的幾天前，我不經意看到手機裡的影片，主要述說以巴衝突＊中，加薩走廊一個年紀大約八、九歲小女孩的報導。

她的父母雙亡，並且帶著兩個比她年紀還小，大約三到五歲的弟弟們。

不僅如此，她身邊還跟著幾個和他弟弟差不多年紀大小的小孩，而這些孩子們的父母，也都在戰爭中失去了生命。

就這樣，這個女孩成了這一群孩子們的「家長」。

而報導最觸動人心的畫面，就是當人道救援團隊在發放糧食的時候，這個小女孩排了幾個小時的隊伍，最後卻只領到了一碗熱湯。

＊以巴衝突：巴勒斯坦伊斯蘭主義運動組織哈瑪斯於 2023 年 10 月 7 日，對以色列發動多年來規模最大的一次攻擊，從加薩地區發射大量火箭，並派遣武裝分子跨越國界進入以色列領土。以色列隨後展開反擊，對哈瑪斯宣戰。（資料來源：中央社）

關鍵是這碗熱湯，她還要帶回去，給這一群孩子們共同果腹。

說到這裡，我停了一下，和主持人對望了一眼後便請教他。如果把這麼樣的一個故事，告訴他的那位朋友。那麼，這位朋友，會不會覺得如果讓小女孩看到他的模樣，就覺得已經是天堂般的「那個美好樣子」？

是不是也會覺得，世界非常的不公平？

聽完我的提問，主持人和我都陷入了短暫的沉默與沈思之中……

或許，「不知足」這三個字，是讓我們持續一直往前奔跑的泉源與動力。

但更多的時候，「懂知足」可也是讓我們能看見自己，知道自己已經擁有如此多的安慰與鼓勵。

需要不知足的動力，
更要懂知足的鼓勵。

記得在這個訪問的幾週前，我在「郝聲音 Podcast」裡訪問一位知名的財經老師，他告訴我他在大學時，唸了兩個完全不同的科系。

大一是讀社工系，到了大二才轉讀到商管學系。

他說商管學系的學習，開啟了他對於所有財商知識，以及創業、創富的起心與初心。讓他開啟了眼界，擴大了侷限，也讓他「認知」到了外面的世界有多大。

就像我常掛在嘴上的，人們——

無法成為認知外的角色，
無法賺到認知外的財富，

面對他的成就，他特別強調：
如果「人生」要有所「成 」，就必須要「不知足」地讓自己多遇見、多看見，持續不斷地「向上看」。

聽到這裡，我點頭表示同意。

沒想到他就在我點頭的時刻，竟然話鋒一轉，「但是……」他接著說，在大學一年級那個社工系的經歷，更是他人生成長的關鍵。

因為那整整一年，他也很認真的學習，並且參與各種不同的社工、志工的活動。

他才知道，身旁周遭的人生，原來有這麼多的「無能為力」，原來有這麼多人再怎麼努力也「使不上力」，原來有這麼多人期待展翅高飛卻「欲振乏力」。

面對他的成就，他特別強調：

如果「人生」要有所「成為」，就必須要「懂知足」地讓自己多遇見、多看見，持續不斷地「向下看」。

原來幸福從來不是一頭倒，原來幸福就像天平一樣。

除了不知足向上看，
也要懂知足向下看。

懂知足也能不知足，
懂不知足也能知足。

懂得接受，
懂得應變。

知足常樂，
常樂知足。

知不知足，
知懂知足。

思考練習

從小就聽大人說「比上不足，比下有餘」。想想自己在人生的道路上，是否懂得「比上」，也懂得「比下」？
試著列出自己的「不足」，也試著列出自己的「有餘」。

24

超越自己

如果別人抄襲我，該怎麼應對？

◆◆◆ **主要觀念** ◆◆◆

不在乎別人抄自己
要在乎自己超自己

有回幾位職業講師好友在一塊兒聚餐，其中有位年輕講師是初次和我們聚會，說話非常有禮貌，也散發出濃濃的書卷味。

由於當天吃的是套餐，所以上了甜點和咖啡之後，所有人才放開大啖美食之後的專注，輕鬆熱情地聊了起來。

首次加入的這位年輕講師，很靦腆也感覺期待已久的在席間提出了一個問題。

他說，很多時候，針對別人要求他在上課之後，要把教材或講義完整的提供給對方，都不知該如何妥善應對或拒絕。

因為，他很怕如果不給對方，會造成關係的緊張，但又怕如果給了對方，自己的智慧財產權會被抄襲。

所以他想請教在座的前輩，該怎麼面對這樣子的困境？

幾乎所有的講師們，聽完問題都面露微笑頻頻點頭，一看就知道每個人都肯定碰過同樣的狀況。

其中一位老大哥，透過爽朗的聲音，直接對這位年輕帥哥講師問道:「如果你的講義或你的資料被別人抄，不好嗎？」

聽到這樣子的反問，這位講師突然感覺有點矇，很囁嚅地回覆：「自己珍貴的準備資料被別人抄，怎麼會好呢？」

沒想到這位老大哥，沒有接著回答這位年輕講師，反而又拋出了一個提問：「那如果你所有的講義，又或者是所有的資料，都沒有人想要抄，而這樣子的情況，你感覺會很好嗎？」

這時候就看到這位年輕講師，睜大眼睛看著這位老大哥，好像是想要說些什麼，卻又有種說不出來的窘迫。

所以，最後只看他緊閉著雙唇，低下頭陷入了緩緩的沉思。

連我們這群在旁邊的朋友們，也佩服這位老大哥的兩個問題，一下子就把我們的思維在這不同情境之間，做了一次選擇的整理。

似乎，自己的資料被人抄，會不開心；
但是，自己的資料沒人抄，也不開心。

所以，不是抄不抄的問題，而是怎麼樣讓自己開心的問題。

大哥喝了一口咖啡，繼續對著這位年輕講師，似乎也是對著我們所有好友一起提問：

「有人抄，不是代表你很厲害嗎？」
「有人抄，不是代表你有價值嗎？」
「有人抄，不是代表你在領先嗎？」
「有人抄，不是代表你做對了嗎？」
「有人抄，不是代表你是咖了嗎？」………

這一連串看似提問，實則是鼓勵和稱讚的話語，讓這位年輕講師，禁不住地點起了頭，但看得出來眼神中還是有藏不住的疑惑。

畢竟，雖然覺得被抄是一件「被認可」的感覺，但是心裡那種「被拿走」的不悅，還是存在。

記得曾經聽過一個演講，他的主題就叫做「向抄襲致敬」。

演講者主要分享的內容，倒不是鼓勵抄襲是件好事。而是建議把真正關注的核心，從抄襲的事件，轉變放在我們怎麼面對讓自己被抄襲的時候，心態的看待和行為的應對。

後來這位大哥，一邊喝著咖啡，一邊繼續聊著，他對於講義資料又或者任何智慧財產權被「抄」的一些想法。

他說……

如果一直在乎別人的抄襲，等於把自己的時間，還有寶貴的注意力，花在對過去的關注上面。

那麼一不小心，就會忘了人生的進步，除了對過去的復盤，更重要的是對於未來的積累和持續前行。

當別人看自己背影，
就讓他繼續看背影。

多朝前看，
少朝後望。

老大哥的這段話，讓自己回想到有次我的學生，拿了一份別人分享給他的講義讓我看。雖然內容格式和配圖有了不一樣的變化，但還是跟我上課講義的內容，幾乎是完全雷同。

學生義憤填膺的告訴我說：「老師，這真的是太過分了；別人怎麼可以擅用你的智慧財產權，我們是不是應該採取什麼行動去防堵他？」

聽完後，我很欣慰地對學生說：「謝謝你的熱心跟貼心，不過你看看他這份資料，雖然和我的講義非常相似。但是你們上課時候，所聽到的內容，是不是遠遠大過講義的本身？」

這個時候，我的學生恍然大悟的對我說道：「對耶，老師您在上課時候講了好多故事，都遠遠超過講義的內容。甚至我聽過您兩三次同樣的課程，你都還會帶入不同的典籍和故事。」

我說：「對咯，連我自己都持續不斷地在進步，在超越自己，更遑論別人拿我過去的講義。

他只不過是在抄我的過去而已。

但是，這麼一來，他就沒有辦法超越我的現在了。」

別人在抄自己過去，
自己要超自己過去。

不在乎別人抄自己，
要在乎自己超自己。

他一直抄，
我一直超。

他只想追，
就給他追。

他只想跟，
就給他跟。

他在乎抄，
我在乎超。

思考練習

小時候總會有人先寫作業，而有人就會後抄作業。
您覺得靠自己寫作業的人，和抄別人作業的人，在本質上有什麼樣的不同？

PART.3

三變：享受蛻變

是成長的當然

25

享受蛻變

到底是結果重要，還是過程重要？

◆◆◆ **主要觀念** ◆◆◆

若過程本身就是結果
那隨時都在開花結果

在擔任創投工作的時期，常常會有機會和許多創業有成企業家一起聚餐，分享市場以及商業模式點點滴滴，也是讓我獲益良多的一段時間。

有次和一位我非常尊敬的老大哥相約喝下午茶，他是業界知名的連續創業家。

在經歷了新冠疫情衝擊後，他雖然元氣大傷，卻又在短短時間內重新由谷底翻身，甚至業績還遠超疫情之前。

我抓住機會忍不住請教，到底讓他持續不斷突破和成就的祕訣是什麼？

我想了解到底是什麼樣因素，讓他能夠擁有令人稱奇、屢敗屢戰的動力？

是金錢嗎？是地位嗎？是名聲嗎？

他看著我的熱切提問，便放下了端在嘴邊的咖啡杯，然後一字一句淡淡地回答說：「其實，說出來很簡單，關鍵就只有四個字，『享受過程』而已。」

「啊？『享受過程』？」我小聲囁嚅地在嘴巴裡面重複著他的話。

打從年輕開始，一直被灌輸「目標導向」的我，聽到「享受過程」這樣子的答案，實在是一下子反應不過來。

大哥看出我的迷惑，繼續娓娓道來。

他說：「很多人不管是工作或創業，都一味地追求成就導向，不管是聲望、地位或者是名利。

但是，世事難測，意外總比意料多。

成就或成功，很多時候要依靠天時、地利、人和。就像我，再怎麼努力拼命，也沒有辦法預測到會有新冠疫情的來臨。」

聽到這裡，我心有戚戚焉的點點頭。

「所以，心中期待的目標或結果，是沒有辦法永遠如我們所願，能夠來好好地被『預測』。」大哥說到這裡，停了一下，喝了一口咖啡。

接著說道：「但是，持續不斷地嘗試和努力，累積經驗和實力，讓自己足以面對更多的風險和不確定，這一件事情，卻是我們可以掌握和『預期』的。」

聽到這裡，我默默的寫下了筆記，
結果無法預測，
努力可以預期。

「所以囉，與其訂一個讓自己勝出的『目標』，不如找到一個可以讓自己不會想要停下來的『過程』。

只要可以找到這樣子的過程，讓自個兒一直享受這個過程。

那麼透過努力，持續不斷累積自己的實力，就可以被預期。

也就更有機會讓自己可以成就和成功。

畢竟，成功，從來不是奇蹟；成就，不過是沒有停下累積的結果。」

聽到這裡，我默默又寫下了筆記，
成功沒有奇蹟，
成就只有累積。

「如果可以『享受過程』，那麼不管遇到什麼樣的狀況或者是意外，就算目標和結果不如預期，那麼自己也只會把它當成是過程的一部分，不會過分在意。

反正自己知道，只要繼續下去就對了。成就和成功，只是附帶的呈現和遲早的出現。畢竟，因為『享受過程』，所以自己一直是『樂在其中』，也就沒有什麼好損失的，不是嗎？」最後大哥嘴角上揚的微笑，給了個宛如自我陶醉般的結語。

這讓我想到了知名美國諧星金・凱瑞（Jim Carrey），有次應邀在大學畢業典禮演講，說他的喜劇因子是從小受他的父親影響。

因為他父親是家裡的開心果，只要有他老爸在，總是歡笑聲不斷。

但令他不解的是，他爸爸並沒有選擇帶給人們歡樂相關的工作，反而任職於一般公司，處理行政和會計業務。

他曾經問父親為什麼不選擇喜劇或脫口秀，這種可以發揮他爸爸天賦又喜歡的工作？

結果他爸爸義正辭嚴的說，「喜歡」的工作未必可以當飯吃，穩定一點收入的職業比較保險，才是王道。

事與願違的是，後來他父親因為公司經營不善被迫離職，不僅沒法達到「穩定」期望，甚至終身鬱鬱寡歡不得志。

而就是因為看到老爸的經歷，讓金凱瑞深刻了解到，他一定要選擇一個可以讓他「享受過程」的職業。

因為就像他最後演講裡面，告訴即將畢業大學生的一句話：「如果做自己不喜歡的工作，都未必會成功，那為什麼不勇敢試試去做自己喜歡的呢？」

不是做到什麼才開心，
而是做了什麼就開心。

若過程本身就是結果，
那隨時都在開花結果。

曾經看到一篇短文，文中說人生的目標只有兩個，一個是出生，一個是死亡。

既然我們出生時已經完成了一半的目標，那麼剩下一半的目標，也就不用這麼趕，慢慢來，也很好。

似乎也同樣地在提醒「享受過程」。

印度智者薩古魯（Sadguru），是我非常喜歡的一位人生導師，有次在他演講上一位觀眾問他：「生命追求的意義，究竟是什麼？」

薩古魯聽完之後，露出他一貫的笑容，然後看著這位觀眾慢悠悠的說：「生命，沒有意義，不好嗎？」

就在這位觀眾聽到這樣子反問，丈二金剛摸不著頭腦的時候，薩古魯溫柔地看著他說道：「如果可以好好看看花、看看草，感受風吹過的清涼、感受太陽的溫煦，好好享受每一口甘甜解渴的清水、好好品味每一口延續生命的食物。」

「好好感受每一天、每一分、每一秒，好好感受活著、存在著、擁有著的點點滴滴。」

「讓生命留下生命，不好嗎？」

若過程本身就是結果，
那隨時都在開花結果。

不是做到什麼才開心，
而是做了什麼就開心。

所有羽化結果的呈現，
必經破繭過程的蛻變。

享受過程，
就是功成。

享受蛻變，
幸福無限。

思考練習

看看自己或身旁周遭的親友，不管在生活或者是工作中，有沒有持續樂在其中一直做著的某件事，看起來只是簡單的一成不變，最後卻有令人意想不到的蛻變？

26

使命必達

如果計劃趕不上變化，怎麼辦？

◆◆◆ **主要觀念** ◆◆◆

放下控制執著的計畫
享受隨機美妙的變化

尾牙難得和幾位老朋友聚會，本想趁著這個迎新送舊的時刻開心一下，享受喜悅的鬆弛。

只是沒想到吃著、聊著的時候，其中有位朋友突然沮喪地對我們說，最近好些工作要結案，但是臨時出現不少始料未及的突發狀況，讓計劃都沒法按照期待進行。

所以，他忍不住想請教大家，要怎麼樣才能讓行程跟著計劃走？

聽完他的提問，幾個兄弟都叫他放輕鬆，不要壓力太大。許多人告訴他，這種狀況很正常。還有人拍拍他的肩膀，認真地安慰說，反正「船到橋頭自然直」。

但是，這些安慰，顯而易見的都沒能緩解他仍然糾結的情緒。只看到他微醺的臉上，青一陣、紫一陣的閃過躊躇不安的表情。

這時有位咱們德高望重老大哥，慢悠悠地問了他一句：「如果，所有事情都按照你的計劃走，這樣會比較好嗎？」

這位兄弟愣了一下，然後忙不迭的認真注視著回應老大哥說：「那當然啊，有誰會喜歡自己的計劃被打亂？

肯定是要按著計劃走，這樣才會讓人安心嘛！」

老大哥聽完之後微微一笑，喝了一口咖啡，繼續問他：「但如果你的人生，一切都按照計劃走，你會很開心嗎？」

還不等這位兄弟回答，老大哥繼續問著：「如果讓你從小就知道自己要去哪所學校，知道會擔任什麼樣的工作，知道會跟誰結婚，知道會有幾個小孩，知道什麼時候會退休，知道什麼時候會掛點。

所有事情都確定的，都按照計劃走，這樣子的生活，你感覺如何？」

這位被問的兄弟還沒有回答，我們身旁周遭一堆朋友們先亂哄哄地答腔了：

「哈哈哈，那也太可怕了吧。」

「是啊，這樣也太無趣，嚇死人了。」

「那人生還有什麼意義？」

「這不就跟打遊戲一樣嗎？如果所有破關的步驟都知道了，那麼玩起來還有什麼意思？何況打遊戲能力的提升，就是因應各種不同變化，然後持續挑戰過關的結果。」

一位愛好遊戲的朋友，說完之後，老大哥對他緩緩的點頭致意。

「所以，沒有按照計劃走，不好嗎？」

老大哥看向這位好友，又問了一次。

這次好友沒有立刻回答，但見他眉頭緊鎖陷入深深地思考當中。

記得有一次自己報名去上人工智慧 AI 的課程，其中一位老師特別跟大家分享，他認為人工智慧的底層邏輯到底是什麼。

他說，平時我們做一件事情，只會把所有時間專注於「控制」那件事情的完成，而不太容易同時想到或執行其他不同的方案。

但是人工智慧生成式 AI 的最大特點，就是當我們給出一個指令的時候，AI 就可以同時給我們許多「隨機」不同的方案。

而這些不同的方案或計劃的選擇，甚至可能完全在我們認知範圍之外。換句話說，就是讓我們可以看到更多的選擇，避免成見；理解更多變化的可能，更多看見。

原來，
計劃是既定的成見，
變化是隨機的看見。

因此，有兩句話是他總結出 AI 帶來最大的啟發，那就是——

放下控制執著的計畫，
享受隨機美妙的變化。

「所以，沒有按照計劃走，不好嗎？」

很多人說，真正的成功是按照計劃執行之後的「使命必達」。

但，真的是如此嗎？

我相信每個人小時候，大概都曾經寫過類似「我的志願」這樣子的作文。

當然，我也不例外。

而「高速公路收費員」這個職業，就曾經名列在「我的志願」範疇之內。

我喜歡這個職業的原因很簡單，就是因為收費員每天可以看到好多、好多的汽車。

小時候能看到汽車，甚至是各種不同的好車，就是件非常令人開心的事情。

更遑論身為收費員，還可以和很多漂亮的小姐姐一起工作，對於小男生來說，那就是非常開心的事情。

但是經過了這麼多年，「高速公路收費員」這個職位早就被 ETC 取代，甚至很多年輕的一輩，都已經沒聽過這樣子的工作了。

那麼，一個不存在的工作，怎麼能夠讓人勝任？又怎麼能夠使命必達？

這就是變化，這就是計劃讓人趕不上變化。

如果說「計劃趕不上變化」是大家都同意的一句話，那麼若執著於「使命必達」的計劃，這本身不就是個笑話？

目標不僅是為了達成，
目標更是讓我們開始。

所有的遇見本是隨機，
所有的看見都是契機。

放下控制執著的計畫，
享受隨機美妙的變化。

感受隨機，
感受契機。

享受計劃，
享受變化。

思考練習

列舉小時候曾經有過的「我的志願」，然後看看哪些志願已經消失不見，那些還依然存在？
再比對那些還存在的職業，自己後來沒有選擇的原因為何？
而自己目前現在的工作或者專業，又是在什麼樣的機緣之下開始的？

27

跳脫框架

當想法或標準不一樣，該怎麼辦？

◆◆◆ **主要觀念** ◆◆◆

建立框架是變好
跳脫框架是更好

不管自己去演講或上課時，在分享的過程當中，我都會順道介紹一些自己非常喜歡的書籍給大家。

畢竟，學習從來都不是一蹴可幾。能夠多看、多學、多理解，擁有多元的思維，才能夠讓自己對於生命有更多的選擇權。

有一次在企業內部上課結束之後，經過了七個多小時的教學，我也一如既往介紹許多多的書籍給學生們。

正當填寫課程滿意度調查完成時，有位學生熱情又急切地告訴我：「老師，聽你的課程真的很享受，只是看到這麼長的推薦書單，確實是壓力大得很難受。」

他自己說完後露出了哈哈苦笑，而我也發出了比他更誇張的仰天長「笑」。

接著，我藉著這個機會和所有同班的學生分享，大家回去之後，未必要把所有的書籍都買下來。

聽到這裡，同學們都睜大眼睛看著我，不懂是什麼意思？

然後我告訴大家，或許可以先把所有書單，輸入到自己熟悉的影音平台上面，透過尋找每本書的說書介紹，先用簡單快速「聆聽」的方式，理解這本書的重點和架構。

通常聽到我這麼說，所有學生都立刻心領神會點頭，並且看得出來，原本「是否買書」的壓力，瞬間得到了釋放。

後來每當上課或演講的時候，我就會刻意的告訴大家，自己從「看書」到「聽書」所學習到的啟發。

原來，自己從小針對所有的「書」，本能上的直覺，就是應該一頁一頁翻開來看，不管是紙本也好，又或者是電子書也一樣。

簡單來說，就是把「眼睛」和「文字」的連結，當成是主要的學習方式。

直到2016年，我開始接觸到說書APP，甚至是很多YouTube和Podcast的說書頻道，我才赫然發現，自己是屬於一個「聽覺型學習」的人。

換言之，就是同一份內容，如果用耳朵「聆聽學習」的方式，對我而言的效率和效能，會遠遠大於我用眼睛閱讀的吸收和記憶效果。

後來進一步透過研究才知道，每個人擅長的學習方式本就大相逕庭，沒有一定的標準。

有人喜歡用眼睛看文字或圖像、有人喜歡用耳朵聽聲音、有人喜歡用動手學操作。只要找到自己的喜歡的方式，就會讓學習非常高效，又能夠進入心流。

學習，本質上就是要不斷地「進步」，目的就是不斷地讓自己「蛻變」。

所以方式本來就因人而異，本來就沒有必要設定固定的框架。

以前只有紙本書的時代，當然只能看書，但是當影音時代的來臨，便給了我們一個突破標準，擁有更多選擇的機會。

如同以前我們在公司要建立標準化，主要的目的是希望提升工作的效率。

但是標準化也不是萬年的規矩，隨著時間的推進，「持續改善」的蛻變，讓自己找到更好的標準，就是希望能夠提升工作的效能。

建立標準是提升效率，
突破標準是提升效能。

書本的學習，透過網路聽書，可以從「看」的方式，延伸到「聽」的方式之外，更重要的是「演算法」帶來的額外好處。

像我自己常常會有這樣子的感覺，就是每當別人告訴我一本好書的時候，我會很興奮地立刻剁手把它給買下來。

而且買下來的那一瞬間，心中其實會有一個微小聲音，似乎在告訴自己：「既然買好了書，也就看完了書。」

但是，說真的……「買好了書，真的不等於看完了書」。

所以，如果一旦把書買來之後放在不起眼的地方，不小心忘了它的存在，那麼——

本來想要與書結緣，
最後終於與書絕緣。

然而，當我們把書本名稱輸入到影音平台的那一剎那，等於告訴了這個網絡，我們對於這本書，還有他相關的知識內容有興趣。

那麼透過網絡演算法，加上手機不離身的效應下，未來這本書的相關知識，又或者是類似內容，就會直接推送給我們。如此一來，我們以前必須翻閱書本努力的主動學習，就有機會變成網路推播輕鬆的被動接收。

從「努力」到「輕鬆」，從「主動」到「被動」，等於重新建立一個不同的習慣，等於突破了原有的思維框架。

讓原有努力的想要變好，成為輕鬆的能夠更好。

建立框架是變好，
跳脫框架是更好。

不只要建立標準，
也需要突破標準。

既要效率，
也要效能。

不只努力，
也能輕鬆。

不只變好，
也能更好。

思考練習

在自己的成長過程當中，有哪些學習，是依循長輩或主管給自己設定的框架或標準？而在依循框架或標準當中，是否有自己突破且找到更好方法的經驗？

28

好棒日記

如果覺得自己不夠好，該怎麼辦？

◆◆◆ 主要觀念 ◆◆◆

幸福不只遠方的期待
幸福更是眼前的善待

挺喜歡印度一位薩古魯老師的短影音，常常在他的對話裡會看到許多發人深省的智慧。

有一回在工作結束休息的時候，不經意間又被推播到他的 YouTube 頻道，而螢幕即時跳出來的是在聊「希望」這個話題。

薩古魯說道，「希望」的本身並不是件壞事，畢竟懷抱著希望，總會讓我們有前進的動力。

但是，如果總是看著前方的希望，一不小心就會容易忽略了身旁當下的風景。

就像小時候讀到的寓言故事，一個紅蘿蔔吊在驢子前面，驢子雖然會前行，但是永遠吃不到。

如果只是拼命前行，而沒有感受到身旁的經過，總覺得有點可惜和遺憾。

想起看過的兩句話——

幸福不只遠方的期待，
幸福更是眼前的善待。

曾經有次在我的「郝聲音 Podcast」頻道，訪問一位特別來賓。

她是我非常敬重的好友，不僅在自己的專業領域優秀出眾，更是在公益助人的活動投入不遺餘力。

而在聊著的過程當中，她突然提起生命遇到過的低潮，描述那段黑暗的經歷，讓她一度找不到目標、也差點失去活下去的意義。

我看著她燦爛如陽光般的笑容，以及爽朗健談的模樣，實在是很難想像，她也曾經有過這樣的一段故事。

所以，我急切地追問：「後來呢？」

「怎麼會蛻變成現在這麼樂觀，又喜歡幫助別人的您呢？」我認真的想要知道。

她說，自己非常的幸運，在那段日子遇見了一位專業又溫暖的老師。並且這位老師還提供了一個好方法，告訴她去買一本筆記，然後每天開始寫下「特殊」的日記。

「特殊的日記？寫什麼『特殊』的日記？」我好奇地追問著。

「老師要我每天至少寫下十則自己感受的好棒，要告訴自己好棒，看見自己『好棒』。」她說。

這個特殊的日記，就是自己的「好棒日記」。

就這樣，當她慢慢開始寫下自己的好棒之後，她才發現，原來自己真的有好多好多的好棒。

但是當心中有太多的無奈、抱怨、困惑、憤怒、失望情緒湧上來的時候，很容易就把自己的好棒感受，全都給遮蓋住了。

原來，就像製作 PPT 時，為圖案設定層級時一樣，只要把自己的「好棒」放到最上層，讓自己「看見」就行了。

看見好棒，
才會好棒。

訪問完的第二天起床之後，我也試著在梳洗、跑步、喝咖啡的過程中，默默用「好棒」記下了身旁美好的當下：

水龍頭裡有自來水，好棒！
可以好舒爽的上洗手間，好棒！
立刻喝到溫熱的開水，好棒！
能夠身體健康的跑步，好棒！
親切的鄰居對我微笑道早安，好棒！
聽著療癒的音樂，好棒！
跑步鞋好舒服，好棒！
天氣好，溫度舒適，好棒！
咖啡好香，早餐好吃，好棒！
可以坐在咖啡廳裡寫作，好棒！

沒想到，十則「好棒」日記，這麼快、這麼容易就寫完。關鍵是寫完之後，感覺突然變得好棒。

看見好棒，
感覺好棒。

結束這個訪問的幾個禮拜後，我回到政大母校，對在校的學弟妹，分享一些生活和職場上的經驗和感想。

其間自己特別提到了，在成長的過程中，不要忘記要「對自己好」，要享受蛻變的點點滴滴。

沒想到演講結束之後，有位學妹還特別過來請教我，有沒有「對自己好」的一些特別做法和建議？

因為，她總覺得自己不夠好。

尤其，他很怕對自己好之後，會不會讓自己太過自滿，反而結果不好？

看著學妹漂亮的臉龐，拿著筆記認真求知的態度，還有誠懇謙虛的語氣，我忍不住問她：「妳有沒有覺得自己好棒的地方？」

她歪著頭想了半天，一副欲言又止又很苦惱的樣子。

我說：「連我這個外人，都可以立刻說出妳好棒的地方一大堆，例如……

妳會勇敢提問，好棒！
考上這所好學校，好棒！
態度很謙虛，好棒！
身體健康，好棒！
非常認真向上，好棒！
擁有這麼多好同學，好棒！
可以來參加這麼讚的活動，好棒！
長得漂亮，好棒！
口條清晰，好棒！
參加活動可以有這麼多好吃的，好棒！…………」

她聽我一連串好棒，也樂得笑了出來。

接著我就問她，聽了一連串的好棒，有沒有覺得自己感覺很好？

她立刻點點頭。

我又問她，如果是這樣子「對自己好」，是不是也挺好？

她立刻點點頭。

我就順勢把「好棒日記」推薦給了她。

她也決定，以後要開始每天寫下自己的「好棒日記」，看見自己的好棒，感受自己的好棒。

看得見好，
才知道好。

對自己好，
看自己好。

不只期待，
更要善待。

思考練習

每天利用幾分鐘，寫下十則自己看見或感受的「好棒」。
如果覺得這樣子的方式，感覺真的好棒，也誠摯希望您，分享給身旁周遭的親朋好友，讓大家一起每天好棒，一直好棒。

29

搞定問題

被人說命中帶賽，該如何看待？

◆◆◆ **主要觀念** ◆◆◆

我只是遇到問題
我不是那個問題

有次幾個好友，相約到一家非常好吃的網紅餐廳享受早午餐。

一進入那個偌大的空間裡，首先映入眼簾的，就是春色縈繞的綠意，以及滿室沁人心肺療癒的咖啡香，讓人瞬間沉浸在無盡的幸福感裡。

用餐席間，一位剛創業不久的老友，述說著自己最近一段時間諸事不順的遭遇。

他說不僅員工離職跳槽到競爭對手公司、自己的客戶也倒閉、倒帳。

前段時間他又被診斷出有輕微的抑鬱症，甚至跟家庭的關係也變得很緊張。

說完他停了半晌，嘆了口長氣，眉頭緊鎖哀怨的說道：「我是不是本身有問題，命中帶賽啊？」

雖然他的語氣很悲戚，眼神很落寞，但是最後那一個「賽」字，還是讓我們所有人忍不住笑了出來。

「賽個鬼啊！」一位兄弟率先發言。「什麼叫做你有問題？你只不過是遇到問題而已。」

「對啊，我也是去年被公司資遣，反而拿著資遣金玩了一陣，簡直快樂『賽』神仙。」一位留著山羊鬍，在金融圈小有名氣的型男夥伴，說出了這段我們不知道的訊息，讓我們驚呼一聲，又不約而同的對他比了個大拇指的讚。

「是啊，我老媽原來腰疼駝背很長一段時間，甚至壓迫到脊椎引發神經痛。後來微創手術打了骨泥，雖然花了一筆不小的手術費，但還好沒有大礙。

但我媽本來覺得都是她的問題，造成自己和家人困擾。後來反而是這樣子的機會，當我建議他去健身的時候，她接受了。

才不到短短的半年時間，駝背也拉直了，甚至連肌肉也長出來了。所以咯，很多的時候遇到問題，反而是轉機。

如果沒有這次的手術和花錢，說不定我老媽也還不見得願意走進健身房呢。」我趁機劈里啪啦跟著說了一堆。

「沒錯，別把自己和問題劃上等號，沒事不惹事，遇事不怕事，解決了就是。」另一位兄弟豪氣的說著。

「而且，把問題給解決，我們不就變得更強了嗎？

「所以說，問題是讓我們變得更厲害的禮物，是吧？」他又補上了一句。

這也讓我想到，自己青少年時的往事。

國二時父親的驟然過世，除了對我心情造成了極大衝擊，更重要的是，沒想到這樣子的一個事件，竟然會在同儕間，成為一個人際關係的絆腳石。

畢竟，在少不經事的青澀歲月裡，難免和同學之間的口角，又或爭執衝突的發生，是再正常不過的事情。

可是，不管是童言無忌也好，又或是口無遮攔也罷，總會有些孩子在口角衝突的時候，對著我這個剛失去父親的敏感少年，說出不恰當的話語……

「一定是你和老爸相剋」
「你命中就是帶賽」
「就是因為你命不好有問題啦！」……

每當聽到這樣子的咆哮，我通常都是二話不說，立刻上去就是一頓幹架和痛揍。

當然除了對方沒有什麼好下場之外，我自己也不是每回都全身而退，常常也是東一個瘀青，西一個掛彩。

雖然覺得說這話的孩子們，真的很欠打，但是也不經意地在心中留下一個隱隱約約的陰影，那就是「父親過世，會不會真的也是我的問題？」

或許是補償心態，又或許是想要尋求答案的欲望，我更加拼命地學習，拼命地考試，拼命地想取得好成績。

一方面，是怕如果真的是因為自己帶賽，那麼透過後天的努力，看看是不是能夠讓家人就算沒有父親的陪伴，也能夠過上很好的日子。

另一方面，則是透過學習，希望能找到任何蛛絲馬跡，證明不是自己的問題。

但是，令人欣慰的是，不管是想要證明不是自己的問題，又或是尋找真正的問題，我都沒有自怨自艾地，停留在認為是自己的問題上面。

反而是持續不斷的讓自己前行，讓自己進步，讓自己在尋找答案的道路上，不斷地蛻變。

而隨著年紀漸長，才終於慢慢理解——
我只是遇到問題，
我不是那個問題。

而隨著年紀漸長，才終於慢慢理解——

問題不光來究責，
問題是拿來解決。

只要思想不滑坡，
辦法總比問題多。

問題是問題，
自己是自己。

想是問題，
做是答案。

搞定問題，
升級自己。

解決問題，
蛻變自己。

思考練習

有沒有因為什麼樣特殊的事情而自責，以致於沒有正視問題，卻把自己當成是主要的問題？如果回到過去那件事情發生的時間，你會如何幫助過去的你，來面對並解決問題？

30

致富覺察

爲什麼賺了錢，還是感覺不開心？

◆◆◆ **主要觀念** ◆◆◆

不僅在乎擁有得多
更要關注期待的少

記得我的著作《致富覺察》（幸福文化，2024 年）剛出版時，很多人都會問我，致富最重要的覺察，是要怎麼樣來在乎錢？

這時我都會告訴對方，致富最重要的覺察，就是要抱持著「不要只在乎錢」。

但是，這樣子的覺察，也不是從小就在我心裡扎根，而是慢慢一步一步成長，漸漸轉換、漸漸蛻變。

或許是因為父親走得早，加上我是長子，母親原來又是全職的家庭主婦。

所以記得在求學、當兵到工作的歷程當中，只要有人問我最大的心願是什麼，幾乎都會毫不考慮的說：「賺大錢」。

「致富」，這兩個字在心目當中，除了錢之外，還是錢。

當然在這樣的思維之下，吸引力法則的驅使，就會讓身邊好友，也大都擁有同樣的想法。

還記得以前最常縈繞在嘴邊的口頭禪，就是和好友互相提醒「錢，這個玩意兒，只不過是『身外之物』，所以『越多越好』。」

雖然只是玩笑話，但是講久了，就會變成潛意識一樣的深植人心。

我很自然地把所有的時間和注意力，全部放在「如何賺錢」這件事情上面，而忽略了生命中，除了錢以外的事物。

直到為了拼命賺錢，把身體搞壞、疏遠了親戚朋友，沒有時間去好好感受這個世界的美好，才驚覺自己好像除了錢以外，也應該在乎其他的東西。

後來慢慢透過閱讀，還有各種不同的學習，才知道生命的美好，從來不僅是只看錢的「富有」，更重要的是認知上的「富足」。

就像查理．蒙格所說，人生最大的幸福，從來
不是擁有得多，
而是期待的少。

有次看到身旁一位好友身穿極為合身又帥氣的西裝，心中就想質感這麼好的一套服飾，肯定價格不菲。沒想到詢問他之後，竟然是用新台幣 2000 元在夜市買的成衣。

這也真的印證了，自己在著作《人生成為》（幸福文化，2024 年）這本書裡所說：
身材若好，穿什麼都百搭，
身材不好，穿什麼都白搭。

更重要關鍵是，雖然是區區的 2000 元，但硬是讓他穿出了感覺有兩萬元以上的價值感。

所以他告訴我，因為他常常鍛鍊，讓身材保持在最佳狀態，所以不僅擁有了健康，而且可以用相當實惠的價錢，穿出不凡的價值。

如此一來，他不僅可以省錢、存錢，讓自己不用因為怕錢少而要拼命賺錢，就可以賺到自己更多的時間。

而擁有了更多的時間，就可以好好的運動照顧自己的健康，甚至有更多的時間和滿滿的能量，去陪伴親戚朋友。

因此，他告訴我，人生最大的財富，從來不僅僅是錢，而應該是——

「有錢」、「有閒」、「好健康」跟「好關係」。

有次在「郝聲音 Podcast」訪問好友黃士豪*，主要是分享他的著作《這輩子賺多少才夠》（三采文化，2024 年）。

當聽到他為了過世父親，承受償還已留下來的債務，我就深深為他的勇氣感到敬佩與驕傲。

* 黃士豪：新加坡金融教育科技新創 GoodWhale 執行長暨共同創辦人，「三實而立」人文紀實紀錄片主持人。

但更重要的是他告訴我說，他不能為了償債，而打亂了生活的節奏。所以他和債權人商量，在還債同時，也能夠留下足以讓他生活和顧家的現金流。

就在這樣子的安排之下，他不僅可以心無旁騖地賺錢，並且很規律的還債。

更重要的是，在妥善安排賺錢和還債之後，他才可以很認真的把注意力放在生活和工作之上。

後來很快地讓他把債務還完之後，原來還債的金流，就順理成章地變成了存款。

而這也讓他體會到一件事情，那就是原來賺錢、存錢，不應該影響到自己擁有的時間、健康和家人朋友的關係。

因此，他告訴我，人生最大的財富，從來不僅僅是錢，而應該是——

「有錢」、「有閒」、「好健康」跟「好關係」。

很多人之所以賺到錢之後，會感覺到不開心，就是因為在拼命賺錢的過程當中，忽略掉除了錢之外，還有其他更重要的事情。

那就是自己可以主導的時間、身體的健康，以及和他人的良好關係。

如果只是一味地賺錢，到最後時間、健康和關係都遠離了自己，就很容易會把「花錢」當成是一種補償心理，而把手邊擁有的財富進行不當的揮霍。

結果一旦把金錢揮霍殆盡，就又落入了沒有錢的窘境，然後又重新開始了一輪只賺錢、只花錢，而沒有時間照顧到自己的人生健康和關係的惡性循環裡面。

所以，幸福人生
不僅在乎擁有得多，
更要關注期待的少。

不僅關注富有，
更要在乎富足。

不僅關注金錢，
更要在乎時間。

不僅有好健康，
更要有好關係。

想要很多，
需要很少。

因為知足，
所以常樂。

思考練習

寫下自己對於「致富」的定義，需要具備哪些條件？
回想自己從小到現在，是否對於「致富」的概念有所轉換和蛻變？

31

只是放下

不再做曾經努力過的事物，好嗎？

◆◆◆ 主要觀念 ◆◆◆

經過才有體會
嚐過才有滋味

有次上好友節目接受訪問，因為他知道在早些年前，我曾經練過很長一段時間的國標舞。

他問我，當初是怎麼開始接觸國標舞的？

聽完這樣子的提問，我的思緒一下子被拉回了將近二十多年前的那個夏天。

當時，只不過是週末在家裡，看著電視裡播放的電影《來跳舞吧》（*Shall We Dance?*，2004 年），被男主角李察・吉爾帥氣的英姿，以及曼妙的舞姿所吸引。

然後，第二天我就立刻去報名了國標舞的課程。

沒想到，這麼一個簡單週末下午觀看電影的遇見，讓我和國標舞結下了長達十多年的緣分。後續不論是從新竹搬家到台北，又或者是從台北到南京工作，國標舞都一直伴隨著我，成為生命中非常重要的一份存在。

不管是因為舞動所帶來的大汗淋漓、因為興趣所結交不同圈層的好友，又或者是音樂所給予滿滿的療癒與喜悅，都讓自己的人生有了始料未及的蛻變。

看著我口沫橫飛興奮地描述著，主持人好友似乎也跟著我的情緒飛揚了起來。

突然之間，我話鋒一轉，告訴主持人，當我後來「遇見」了自行車、跑步之後，就轉換了跑道，沒有繼續在國標舞的這條道路上前行了。

聽到這裡，主持人很順口地問我說：「啊，那……你怎麼會捨得放棄國標舞啊？」

面對這樣子的詢問，我也幾乎是不加思索地回覆道：「我沒有放棄呀，我只不過是放下而已。」

不是放棄，
只是放下。

當我這麼回答的時候，心裡想得其實很簡單，畢竟生命「時間」是有限的，一個人總沒有辦法在同一個時間什麼都要。

更重要的是我經歷過，認真跳國標的日子。
所以，才讓自己知道如何選擇。

就像放棄高薪從大陸回來之後，身為無事一身輕的裸辭人士，很多人也都會問我說：「你怎麼會捨得，放棄這麼高薪的工作？」

面對這樣子的詢問，我也幾乎是不加思索地回覆道：「我沒有放棄呀，我只不過是放下而已。」

不是放棄，
只是放下。

當我這麼回答時，心裡想得其實很簡單，畢竟「健康」

更加重要，如果我不放下高薪，很可能放棄的就是命了。

更重要的是我經歷過，拼命去賺錢的日子。
所以，才讓自己知道如何選擇。

因為曾經經歷，
才能懂得選擇。

記得有次回母校看望老師，順道和幾位即將畢業的學弟妹一起聚餐，其間也不小心聊到了「放下」這個話題。其中有位學弟問我，怎麼樣才可以學習「放下」，讓自己可以有所選擇，而且不會深陷壓力的泥淖？

聽完他的問題，我請教他小時候有沒有被老師懲處，「雙手舉天」罰站過？年紀輕輕的他，直接告訴我「他沒有」，而且沒聽過這樣的處罰。

我才忽然發覺，代溝真的蠻大。

接著，我帶著他，把雙手舉高持續了幾分鐘……。正當他快要兩臂痠到不行時，我示意他一起把雙手「放下」。

我問他：「把手拿起累嗎？」
他點點頭。
我問他：「把手放下爽嗎？」
他點點頭。

順著他的點頭，我繼續又請教他，是否他剛出校園，就已經感受到任何「拿起」的「累」了？

他搖搖頭。

突然間，他好像「懂了」什麼的樣子，就用堅定口吻告訴我說：「我知道了，學長！我總得先拿起些什麼東西，才知道要放下些什麼東西。」

我點點頭。

不知拿起，
哪知放下？

沒有經歷，
哪有經歷？

由於自己喜歡看書、聽書和說書，再加上自己在「郝聲音 Podcast」裡面常常會分享一些好書，所以我就應天下文化出版社邀請，成為他們「天下文化 相信閱讀」YouTube 頻道的影像 Podcast 中，負責「讀本郝書」單元的說書人。

而天下文化出版社也因此定期寄給我許多好書，讓我在品讀過後逕行選擇，作為說書的主題。

還記得有次收到一本圍棋相關的書籍，書名叫做《突圍思考》（2024 年）。稍微看了封面、封底，以及出版社的簡單介紹，就逕自以為韓國這位圍棋皇帝曹薰鉉分享的傳記故事，可能會有點太過專業，對我距離太遠，因而沒有讓我有太多的期待。

後來有次自己一個人到咖啡廳，閒著沒事，而身旁正好只有這本書。我不抱太大期望的順手翻閱，沒想到讀著讀著，竟然讓我停不下來的一口氣讀完，而且還寫了不少的筆記。

才發現原來，人生不分專業，生命不分領域，所有故事都值得參照學習。

才發現原來，自己「一不小心」又落入了一個「先入為主」的陷阱。

才發現原來，「沒有成見，更多看見」，不是知道就好了，而是要時時刻刻不斷提醒自己的一門功課。

前段時間，自己才曾經被別人問到過：「郝哥，如果有人推薦你不喜歡看的書籍，或者是不熟悉的領域著作，你會排斥嗎？」

我還記得當時的回答是：「如果從來沒有看過那本書，那就沒有辦法知道喜不喜歡；如果自己不熟悉那個領域，那就更沒有資格說自己有排斥的理由。」

讀書如此，
識人如此。

看了才會知道，
不看不會知道。

人生如此，
日子如此。

經過才有體會，
嚐過才有滋味。

不做不知，
做了才知。

總要經歷，
才有經歷。
要有選擇，
才有選擇。

要有拿起，
才有放下。

思考練習

列舉自己曾經花費非常多時間在某件事情上面，卻又把它「放下」的經歷。回憶讓自己「放下」的原因是什麼？而重新看待這樣子的放下，心情又是如何？

32

安步當車

想要快速擁有成就，不好嗎？

◆◆◆ **主要觀念** ◆◆◆

蛻變不是突然乍現
蛻變總是慢慢浮現

研究所畢業之後，經過兩年多義務役的軍旅生涯，從空軍退伍，立刻就進入到壓力非常高的半導體產業工作。

由於好勝心強，所以老闆交代的任何工作，幾乎都會全盤接受。

當時的想法非常簡單，就是期待在職場表現能夠出色，能夠儘快升官加薪，讓自個兒多賺一點錢，多存一點錢。

所以剛任職時，對於承擔工作都會拼了命去完成，而這也讓老闆相當稱許。

然後，公司也就更放心的讓我負責更多、更大、以及更重的任務。

而我也順理成章的照單全收，從不說「不」。目的就是要讓別人知道，我有的是出眾的能力，以及優秀的態度。

別人一個禮拜完成的事情，我就試著三天完成；別人三天才能完成的事情，我就試著一天完成。

就這樣，從一開始不需要加班的情況就能夠輕鬆自在的搞定工作。

到後來，逐漸變得需要「偶爾」加班。

再後來，甚至需要不斷「持續」加班。

沒想到，等工作任務逐漸大到不易負荷的時候，不僅加班都沒法完成，甚至還會焦慮到產生睡眠障礙。

曾經有好幾個月的時間，忙到凌晨上床，不僅入睡困難，就算睡了，一兩個小時之後，也會在半夜驚醒，接著就再也無法入眠。

而那個時候還不知道，自己事實上已經有點躁鬱的跡象。

直到有天，碰上了一位公司內部非常好的朋友，他看著我浮腫的雙眼，在簡單的寒暄之後，就問我：「你最近是不是睡眠品質不好？」

聽到他這麼問，我就直接了當地告訴他，這段時間不容易入睡，以及半夜醒來之後，就睜眼直到天亮的窘況。

「我幫你安排一位諮商師好友，看看能不能幫你解決睡眠的問題，好嗎？」他溫暖地詢問我的意見。

「好啊，那當然太好了。」聽到是解決「睡眠」的問題，而非心理壓力的諮商問題，我沒有任何的抗拒就答應了。

這讓我想到了班傑明・富蘭克林（Benjamin Franklin）的名言：

不要說之以理，
而要誘之以利。

朋友沒有告訴我任何道理，沒有給我任何正經八百的建議，他只是讓我知道有一個可以解決問題、對我有利的方法，然後把選擇權交到我自己的手裡。

畢竟別人無法改變自己，
只有自己可以改變自己。

就這樣，經過一段時間的諮商，我也很幸運的找回原來生活節奏，又成為了個正常能吃、能喝、能睡的快樂人兒。

每次說到這段回憶，很多人很想了解那位諮商師，是怎麼樣對待我？是怎麼樣讓我走出來？

說實話，時間久遠的細節，確實已經有點模糊。但是記憶中，那位諮商師每次的對談，似乎總是聽得多、說的少。他就是讓我盡情描述我的情緒、描述我的感受、描述我的想法。

容許我的情緒來，
容許我的情緒走。

就這麼來來去去之間，他對於我情緒來去的容許，慢慢的讓我自己給予情緒來去，也有了容許。

還記得有次我和諮商師，有過類似這麼一段的對話……

我：「我覺得睡眠不足，是因為自己的工作太多，超出了負荷。」

他：「嗯……那你覺得怎麼樣比較好？」

我：「我覺得應該告訴老闆，調整我的工作負荷。」

他：「嗯……是可以調整工作。」他點點頭。

我：「可是，我又擔心老闆會覺得我能力不足。」

他：「嗯……確實可能會擔心。」

我：「但是如果不告訴老闆，我身體又會撐不住。」

他：「嗯……是啊，身體撐不住就不好了。」

我：「那，我還是去和老闆說說好了。」

他：「嗯……好。」他點頭示意，對我的決定表達認同。

後來，當我跟老闆說明自己的狀況之後，沒想到老闆竟二話不說調整了我的工作。

並且還告訴我說，早就該來跟他分享，畢竟自己是他重要團隊成員，如果我倒了，不能工作，那不是對他的影響更大。

聽完老闆的回饋，我不僅點頭如搗蒜，也放下了心中的那塊大石頭。

曾經聽到一位智者說過，會困擾我們生命的從來不是痛苦悲傷，而是心中想要和痛苦悲傷拼命對抗的執著。

多給自己一點寬容，
多給自己一點允許。

那是一種「鬆弛感」。

回想那位諮商師在跟我聊天的過程當中，給我最大的感受就是自在的「鬆弛感」。

他沒有給我任何時間的壓力，每當我在思考的時候，他就是等著我的回答。

他的不疾不徐，讓我沒有立刻回應的急迫感，反而有好好思考的空間，反而有好好面對自己的時間。

多給自己一點空間，
多給自己一點時間。

那是一種「鬆弛感」。

又讓我想起了那兩句話，我們——

常高估了一年可以完成的事情，
卻低估了十年可以成就的功業。

蛻變不是突然乍現，
蛻變總是慢慢浮現。

與其緊繃恐懼，
或許鬆弛有趣。

與其拼命努力。
或許行有餘力。

安步當車，
享受餘裕。

思考練習

回想自己在過去的經歷中，有沒有想要完成某一件事情，但是因為太急於求成，反而在壓力和恐懼之下，沒有達到自己的預期？

如果重新再來一次，你覺得怎麼安排比較恰當？

33

境隨心轉

面對不佳的外在環境，該怎麼辦？

◆◆◆ **主要觀念** ◆◆◆

與其心隨境轉的神傷
或許境隨心轉的欣賞

每當有人問我為什麼會開始經營「郝聲音 Podcast」的時候，我就會毫不遲疑告訴他說：「都是因為『音樂』的關係」。

通常別人聽到這樣子的答案，都會覺得不可思議。

畢竟，後來「郝聲音 Podcast」已經是非常多元化的呈現，而不是僅僅有音樂或藝術相關的內容。

如果要認真說起「郝聲音 Podcast」的緣起，那就要追溯到 2020 年的 3 月春末。

當時正值新冠疫情嚴重爆發，幾乎所有音樂藝術相關的現場表演，都因為實施全台停辦公眾集會活動＊的關係，暫停了實體演出。

因為不知何時才會解除管制，所以受托於音樂家好友們的邀請，希望我能透過線上的介紹，協同音樂家們持續跟粉絲互動，傳遞音樂和藝術的美好。

畢竟，在此之前我已經主持了非常多次線下的音樂發表會，和許多音樂家有相當深厚的合作情誼，並得到他們的信賴。

但從來沒有任何 Podcast 經驗的我，在不知如何開始的情況下，決定好好買些專業書籍回來參考，試圖能夠一鳴驚人，做出讓人一聽難忘的節目。

殊不知龜毛如我，就這麼研究研究著，一晃眼半年過去，卻是一集都沒有做出來。

＊全台停辦公眾集會活動：台灣中央流行疫情指揮中心於 2020 年 3 月 21 日，將全球的旅遊疫情警示升爲第三級後，接著於同年 3 月 25 日，建議停辦室內超過 100 人以上、室外超過 500 人以上的公眾集會活動建議，以減低社區感染的風險。

不管是節目的定位也好、訪問的形式也罷，甚至是設備的種類等等，都讓我陷入了無止境的選擇障礙。

最後，索性不管三七二十一，乾脆就用「手機」當設備，「自己」當來賓，直接「試著」錄製了一集，如此展開了「郝聲音 Podcast」的奇幻旅程。

打從一起頭，我就告訴自己還有合作的團隊成員，我們所錄製的聲音檔案「不要剪輯」。

當別人聽到音檔「不要剪輯」這樣子的建議，總覺得不可思議，甚至認為我是標新立異。

但是其箇中原因，真的是「如人飲水，冷暖自知」。

畢竟，我們剛開始的錄音設備只有「手機」，而且錄製環境，就是在大馬路旁邊的一間公寓。

不僅設備沒有任何降噪功能、環境沒有任何吸音裝潢，而且常常樓上孩子們的玩耍聲，隔壁的炒菜聲，以及窗外經過的汽笛聲，甚至是救護車的喔咿喔咿，都會完整的收錄在音檔裡。

如果要剪輯的話，那麼幾乎是從錄製開始的第一分鐘就一路剪輯到最後一分鐘。

若要如此剪輯，
真會所剩無幾。

所以我乾脆告訴自己還有團隊們，咱們「郝聲音 Podcast」的特色，就是——
記錄真實，
真實紀錄。

不做任何的剪輯，完整「記錄真實，真實紀錄」所有聲音的呈現。

事實上，那時候心裡想的，只不過是——
沒法改變客觀事實，
那就改變主觀認知。

不讓環境改變認知，
而讓認知改變環境。

與其心隨境轉，
不如境隨心轉。

還記得防疫鬆綁之後，有次邀請到一位知名音樂家來上我們節目，而剛好那一天，她也帶了自己鍾愛的毛小孩寶貝狗狗一起到我們的錄音現場。

結果，每當這位音樂家一講話，她家的毛小孩也跟著興奮回應。

所以當天整場訪問，除了樓上的玩具聲，隔壁的炒菜聲，窗外的汽笛聲，又多了錄音室內熱鬧的汪汪聲。

後來當訪問結束的時候，音樂家有點不知所措地對我說：「真的很不好意思，沒想到我家的寶貝狗狗，整場訪問的聲音都錄進去了。」

我就笑笑的對她說:「那有什麼關係，這不是應該的嗎？」

聽完我這樣子的回覆，音樂家睜大眼睛面露訝異的看著我。

我接著說：「如果妳們家的寶貝狗狗聲音沒有錄進去的話，那我們怎麼讓聽眾知道，這一集牠有陪妳來呢？」

當我說罷，不僅音樂家和我們所有人都笑得人仰馬翻，就連她的寶貝狗狗也興奮的四處奔跑、歡騰雀躍。

更重要且驚喜的結果，是後來音樂家告訴我們，那一期的訪談，是她接受所有錄音邀約以來，分享給好友最多的一集。

因為她要讓好友們聽聽，不是她的訪問有多棒，而是她家的寶貝狗狗有出席。

也因為這樣，「郝聲音 Podcast」就在不按牌理出牌的情況下被傳播出去，讓更多人知道了我們。

日後想起當初的篳路藍縷，沒有好設備、沒有好環境，甚至沒有好的流程和企劃，但竟也讓我們做著做著，累積出了好的成就。

只因為，我們
沒有被環境影響認知，
而是讓認知影響環境。

原來，
與其心隨境轉的神傷，
或許境隨心轉的欣賞。

不要急著神傷，
就能悠著欣賞。

後來設備改變，
也就跟著應變。

後來空間改變，
也就跟著應變。

改變帶來應變，
應變帶來蛻變。

原來蛻變，
都是漸漸。

只要境隨，
終能心轉。

思考練習

回想自己過去，曾遇過的因環境而使心情變差的例子。
若是再遇到一次，是否可以轉換不同思維的方式，讓自己的情緒由陰轉晴？

34

品味人生
最好趁年輕不顧一切使勁拼？

◆◆◆ **主要觀念** ◆◆◆

生活或要懂得拼
生命更要懂得品

有回不小心滑到一個短影音，看到一位年近古稀的老伯伯，貌似對著台下一群人在進行脫口秀的分享。

他面露笑容對著眼前的所有觀眾說，很多人不喜歡變「老」，覺得人只要一旦老了，就一無是處。

但是，他說其實「老」，有一個非常重要的底層邏輯是被大家忽略掉，而且是所有年輕人都比不上的「好」。

大夥兒聽完後，包含在手機螢幕前的我，都豎起耳朵，想要知道這位老伯伯到底要給出什麼樣的智慧之語。

想理解，「老」到底有哪裡「好」？

接著這位老伯伯清了清喉嚨，不疾不徐地用略帶沙啞的聲音告訴眾人說：「老，最大的好，就是你可以非常確定的告訴所有人。

你，沒有在年輕的時候～～死掉。」

他說完之後，所有人愣了半秒，接著就是響徹雲霄的哄堂大笑。

但是，回過神來認真想想，確實是啊！「有道理，沒毛病。」

誰知道，明天和意外，哪個會先來？

這讓我想到有次我們一群好友聚餐，然後大家在聊退休生活要怎麼樣規劃。

其中有人說：「既然要好好的計劃退休生活，那麼就要以終為始。或許，可以把人生的平均壽命 80 歲當成目標，然後往回推算想要做的事情。」

這時有位 50 歲的兄弟，對著 65 歲的大哥說：「80 歲聽起來好像有點遠，又不會太遠。對老大哥您來說還有 15 年，對我來說還有 30 年。」

沒想到聽到這話的老大哥，不改他一貫的幽默口吻，對著這位兄弟微微一笑，輕鬆地說道：「這可很難說……我唯一可以確定的，就是我已經活到 65 歲，你也已經活到 50 歲。至於我是不是還剩下 15 年，就跟你是不是還剩下 30 年一樣，咱們都不敢確定。」

當他說完之後，所有人愣了半秒，接著就是響徹雲霄的哄堂大笑。

但是，回過神來認真想想，確實是啊！「有道理，沒毛病。」

誰知道，明天和意外，哪個會先來？

就像自己在年輕時候是賺錢的拼命三郎，賺錢沒有不好，拚搏也是需要，但是再怎麼拼，如果把命都給拼沒了，那不是連「老」的資格也丟了。

所以——

小心拼，認真品。

小心拼，別把命給拼沒了；
認真品，要把命給品香了。

幾乎是看完短影音的同一天，大概是網絡演算法的關係，手機又給我推送了一個「老高與小茉」頻道的 YouTuber 老高，所單獨分享的短影音。

主講人老高在短影音裡面說，有人想要請他聊聊「生命的意義」。

但是他謙虛的說，自認還沒有足夠的經歷和程度，來告訴大家生命的意義。

但，如果只是聊聊，還是可以的。

然後，他說對其自己而言，生命的本質不過就是「四個字」。

當他說到這裡，我就很期待這四個字，到底是哪四個字。

結果他說，他覺得，生命不過就是「消磨時間」罷了。

聽到這，我差點從椅子上跌下來。

他又接著說，畢竟人到最後，一定逃不過兩個主要的目的地……

我又好期待這兩個目的地，他到底要說些什麼……

然後他又接著說，這兩個目的地分別就是「老掉」和「死掉」。

聽到這，我差點又要從椅子上跌下來。

不過他後來補充到，雖然說聽起來「消磨時間」感覺沒有這麼偉大，但是好好的消磨，和不好好的消磨，或許對生命的感受本身，就是一種很有意義的過程。

消磨可以拚，
消磨也能品。

生活有時候要快快拼，
生命有時候要慢慢品。

有次在和一群講師分享「專案管理」這個主題的時候，聽到一位老師說，其實人生本質上就是個專案。而我們「生命」這個專案只有兩個目標——

一個是出生的「來到」，
一個是死亡的「走掉」。

說完之後，我們這群講師都同意的點點頭，然後這位老師又慢悠悠的繼續給了個結論——

認真想想，兩個目標
既然已經完成了一半，
就別急著完成另一半。

與其急著拼，
或許緩著品。

前陣子和軍中預官老友們聚會，想想轉眼間認識了將近三十多年，還真的是不簡單。因為大家都來自四面八方，很多人開車，所以飯局之間只喝茶不喝酒。

其中有位兄弟說，現在想得開了，喝茶喝酒都一樣。然後他拿起茶來，慢慢地啜了一口說：

年輕的時候只會拼，
年長的時候懂得品。

現在
與其懂拼，
更要懂品。

有次訪問林揚程老師的著作《你不是懶，而是能量低》（時報出版，2024 年），讓我獲益良多。

尤其他在書中提到的 4-7-8 呼吸法＊，吸氣 4 秒—屏氣 7 秒—吐氣 8 秒，可以讓自己緊張的情緒很快地放鬆下來。簡單地來說，就是慢慢呼吸，不要急。讓自己慢慢品味，一吸一吐之間的美好。

＊4-7-8 呼吸法（4-7-8 Breath）：是由美國哈佛醫學博士安德魯・威爾（Andrew Weil）所開發的一種簡單又有效的深呼吸法，此方法有助於調節神經系統，並可改善身心健康。

還記得有句話：

眼一閉一睜，一整天過去了；

眼一閉不睜，一輩子過去了。

生活或要懂得拼，

生命更要懂得品。

好好消磨，

好好呼吸。

不僅懂拼，

更要懂品。

品味人生，

享受蛻變。

思考練習

很多人都說努力，就是要把自己的時間塞滿，才有拚搏的感覺，也才能達到自己想要的人生目標。

「一旦速度放慢，感覺沒有拼，會不會消磨了自己的雄心壯志？」如果有人這麼對你說，你會怎麼看待這種觀點並且回覆他？

35

課題分離

我想要別人變好，應該要怎麼做？

◆◆◆ **主要觀念** ◆◆◆

不讓他人控制自己
不讓自己控制他人

無意間觀看了韓國實境秀的綜藝節目「家師父一體」。這個節目的企劃，主要內容是讓幾位知名藝人，在每集裡面都去拜訪不同領域的大師，跟著他們學習技能，並且領略人生智慧和價值觀。

其中有集是幾個藝人，跟著一位佛教高僧師傅學習禪修。在修習的午餐席間，看著滿桌藝人們從寺院裡採收的素菜，對這群無肉不歡的參與者來說，已經是個不小的挑戰。

但是入境隨俗，到了人家寺院，遵守別人的「規矩」，本來就是理所當然。

更何況，又不是師傅逼著藝人們來寺院禪修，所以大家也乖乖地順著「自己選擇」自在地享受美好的蔬食。

就在午餐告一段落的時候，師傅停下筷子恭敬地對所有人作揖，然後問大家，有沒有一些生活的點滴想要分享。

這時一位喜劇藝人突然向高僧抱怨，最近他非常生氣，因為他弟弟都不聽他的話，沒有好好使用他買的洗衣機。

結果師傅認真聽完他的抱怨之後，用非常溫暖的口吻對著他問道：「是你弟弟要你買的洗衣機嗎？」

這位藝人「啊？」了一聲，然後吞吞吐吐的說：「嗯……不是，是我自己想要買來，送給弟弟的禮物。」

大師又問：「是你弟弟向你請教怎麼使用洗衣機嗎？」

他接著又說：「嗯……沒有，是我自己覺得弟弟沒有好好正確使用，我很怕他把洗衣機給弄壞。」

「那就好啦，沒你什麼事啦！」大師說。

「啊？怎麼會沒我的事？」這位搞笑藝人疑惑的問道，

他滑稽的聲音，誇張地兩手舉高、眼睛睜大的肢體動作，也逗樂了旁邊其他的夥伴。

「買洗衣機是你的事，用洗衣機是他的事；你做好你的事，他做好他的事，這不就是很好的相安無事嗎？」大師慢悠悠的一字一句說道。

你做好你的事，
他做好他的事。

各人管各人事，
就是相安無事。

這讓我想起，有回一位父親聽完我分享親子財商演講之後，便趕忙過來親切地和我打招呼。並請教我，怎麼樣才能讓孩子養成「閱讀」和「運動」的習慣。

畢竟我在演講分享過程當中，他非常認可我所說「知識」和「健康」，是生命當中非常重要的兩大財富。

看著他真摯的神情，我沒有直接回答。

我反倒試著請教這位爸爸，他自己喜不喜歡閱讀和運動？

他聽完之後想了一下，很不好意思地告訴我，他因為工作太忙，所以一直沒有時間好好的讀書和運動。

「嗯，爸爸您這麼忙碌，真是辛苦了。身為撐起家裡的支柱，是件不容易的事，沒有時間讀書和運動，也是情有可原。」我很體恤的對他說道。

而這位父親，也因為我的認可，帶著被理解的感動表情，對我點頭致意。

「那您孩子平常時間很寬鬆，有非常多的餘裕嗎？」我繼續問道。

「啊？那怎麼可能？」這位爸爸立刻回答。

「現在的孩子，除了學校功課外，放學之後還要參加各種不同才藝班、補習班。就算回到家裡，常常作業也要搞到大半夜。」這位爸爸急促地想要讓我理解他孩子狀況，幾乎是喘不上一口氣地說完。

「喔～原來您孩子，也和您一樣忙啊……」我說到「忙」這個字的時候，還特別加上了重音和放慢速度。

「嗯，是啊！孩子也是非常忙的！」這位爸爸回覆之後，好像被閃電雷劈般地想到了什麼，接著告訴我說：「謝謝老師，我知道該怎麼做了。」

要求別人是痛苦根源，
要求自己是幸福開端。

自己變好是自己的事，
他人變好是他人的事。

很喜歡《被討厭的勇氣》（岸見一郎、古賀史健，究竟出版，2014 年）這本書，尤其是在「課題分離」的這個章節。

課題分離，就是——
不讓他人控制自己，
不讓自己控制他人。

希望不讓別人討厭，或許是我的課題，但是別人要不要討厭我，那就是別人的課題了。

不怕自己被人討厭，
就有餘裕享受蛻變。

就像我們可以把馬費勁地牽到水邊，但是那匹馬要不要喝水，就不是我的課題了。

別讓自己介入別人課題，
別讓別人介入自己課題。

人生只有兩件事，
我的事和你的事。

我的事是我的事，
你的事是你的事。

難怪有人說
我的事關你啥事，
你的事關我啥事。

常說人生最大財富，從來不僅是金錢，而是「注意力」大於「時間」大於「金錢」。那麼「注意力」，就是比「時間」還要更為稀缺的資源。

不讓他人控制自己，
不讓自己控制他人。

自己變好是自己事，
他人變好是他人事。

才知道
關你啥事，
關我啥事。

人生二事，
智慧之至。

思考練習

想想自己有沒有花很多時間，在指導或建議別人更好，以致於少了心思在自己身上的情況？試著把這樣子的經驗給寫下來，並嘗試看看有沒有其他的方法，能夠讓自己變得更好，反倒可以讓自己成為「榜樣」，進而影響他人的做法？

36

最佳旅伴

若我蛻變成千里馬，誰又是伯樂？

◆◆◆ 主要觀念 ◆◆◆

原來一生追求的伯樂
只是不同想法的自己

妍靜是我和幸福文化出版社結緣的貴人，因為她的關係，不僅讓我閱讀並介紹許多幸福文化的好書，並在「郝聲音Podcast」裡也訪問了許多幸福文化優秀且極具智慧的作者。

更重要的是，自己最後竟然有機會和幸福文化一起合作，出版了《致富覺察》和《人生成為》兩本著作。

所以當去年妍靜介紹繪本《在黑暗的日子裡，陪伴是最溫暖的曙光：大熊貓與小小龍的相伴旅程》（詹姆斯・諾柏瑞，時報出版，2022 年）給我，當然二話不說立馬翻閱拜讀。

不過畢竟平時很少接觸繪本，所以其實心中並沒有對這本書抱持太大期待。只是當我翻開首頁，看到了大熊貓與小小龍的第一段對話就讓我驚艷了。

「哪一樣比較重要，旅程或目的地？」大熊貓問。

「旅伴比較重要」小小龍說。

後來每當我在演講或聊天分享這段對話的時候，很多人都會告訴我：「真的耶，『旅伴』實在是太重要了。

尤其每次旅行的時候，就會感觸更深。」

甚至還有人當著我的面，數落起自己的老公：「我當時就是不知怎麼腦袋發昏，才會嫁給這個『旅伴』……」

就在各式各樣不同對旅伴的定義聲中，我突然發現這個繪本，是用春夏秋冬四季做編排，如同人生的起承轉合一般。

而大熊貓與小小龍，從春天出發的第一天起，一直到冬季的最後一日，始終是不離不棄的聚在一塊兒。

這個時候，我問身旁和自己一起閱讀過這本書的人說：「有什麼旅伴，會在這一輩子分分秒秒相知相守、須臾不離？」

聽完我提問的瞬間，幾乎所有人都如當頭棒喝一般，立刻地回答：「自己。」

就像書裡面隱喻的那句話：「如果免不了要迷路，我很慶幸是跟你一起。」

原來最好的旅伴，
就是自己的陪伴。

有回在「郝聲音 Podcast」訪問到一位知名的投資理財老師，他本身擁有非常多的粉絲，卻也不乏偶爾會碰到奇怪的酸民。

我忍不住問他：「那你怎麼去面對這些酸民？」

他幾乎想都不想地直接回答我說：「不看他、不理他；說白了就是逃避。**逃避，雖然可恥，但是有效。**」

聽到最後兩句話，我們兩個同時大笑了起來。

他接著說：「通常影響我們的心情，從來不是酸民的話。畢竟，酸民留的話只是一時，但是在我們心中的回放，卻是自己給的一直又一直。」

不要讓別人影響的一時，
成為讓自己影響的一直。

所以，如果我們不喜歡酸民的酸言酸語，而喜歡別人對我們的鼓勵和稱讚，那為什麼我們不每天保留一點時間，很認真地看看自己有哪些值得鼓勵的地方，有哪些值得稱讚的地方，好好的鼓勵自己，好好的稱讚自己？

用希望別人對自己的鼓勵稱讚，
好好認真地對自己來鼓勵稱讚。

電影《當幸福來敲門》（*The Pursuit of Happyness*，2006年）其中有段男主角威爾·史密斯對著他兒子認真地說到：「不管是別人，甚至是你的父親如我，若是說你成不了大器，千萬不要被這些話影響。只要你擁有夢想，就要勇敢地捍衛它。」

讓別人做別人，
讓自己做自己。

記得我剛開始騎自行車的時候，就是跟著幾個老大哥往陽明山上騎，而不是在河濱的平路上馳騁。

所以自然而然的就把山路，當成是主要的騎乘路徑。

後來我問這幾位老大哥，為什麼一定要騎山路，而不騎平路？

他們回答也很有趣：「沒有人規定要騎山路或是平路，只是你騎著騎著，就會找到你自己喜歡的路。

如果你喜歡騎平路，你就不會跟我們在一塊兒騎；而你之所以會跟我們在一塊兒騎，就代表你骨子裡喜歡騎山路。」

有人說：
跟著狼群就會變成狼，
跟著羊群就會變成羊。

後來才知道，不管是狼也好、羊也好，能夠決定自己喜歡，就很好。

就像有人曾經告訴我，我們從小到大都不乏自己想要模仿的榜樣、自己想要學習的對象。

但是我們內心需要的，從來不是靠近榜樣或學習的對象，而是期待有一天，終能蛻變成為自己喜歡的模樣。

不只靠近喜歡的榜樣，
而是成為想要的模樣。

原來一生追求的伯樂，
只是不同想法的自己。

與其尋找更好的別人，
或許成為更好的自己。

一生旅伴，
終身陪伴。

認真看見，
享受蛻變。

思考練習

打從今天開始，好好的記錄下自己值得被鼓勵和成長的地方，
成為自己的最佳神隊友，以及最好的旅伴。
然後享受這輩子分分秒秒、無時無刻最溫暖的蛻變。

只要享受過程，
總會蛻變有成。

國家圖書館出版品預行編目(CIP)資料

享受蛻變 / 郝旭烈著. -- 初版. -- 新北市 :
幸福文化出版社出版 : 遠足文化事業股份有限公司發行,
2025.06　面 ;　公分. --(富能量 ; 130)
ISBN 978-626-7680-15-5(平裝)

1.CST: 自我肯定 2.CST: 自我實現 3.CST: 生活指導

177.2　114004060

0HDC0130

享受蛻變：駕馭人生變化的順應力

作者‧封面繪圖／郝旭烈

責任編輯／高佩琳　封面設計／FE設計　內頁排版／鏍絲釘

總 編 輯：林麗文
副總編輯：蕭歆儀、賴秉薇
主　　編：高佩琳、林宥彤、韓良慧
執行編輯：林靜莉
行銷總監：祝子慧
行銷企劃：林彥伶

出　　版：幸福文化／遠足文化事業股份有限公司
地　　址：231新北市新店區民權路108-3號8樓
粉 絲 團：https://www.facebook.com/happinessnbooks/
電　　話：（02）2218-1417
傳　　真：（02）2218-8057

發　　行：遠足文化事業股份有限公司
地　　址：231新北市新店區民權路108-2號9樓
電　　話：（02）2218-1417
傳　　真：（02）2218-1142
電　　郵：service@bookrep.com.tw

郵撥帳號：19504465
客服電話：0800-221-029
網　　址：www.bookrep.com.tw

法律顧問：華洋法律事務所 蘇文生律師
印　　製：呈靖彩藝有限公司

初版一刷：西元2025年6月
初版五刷：西元2025年10月
定　　價：430元

ISBN：978-626-7680-15-5（平裝）
ISBN：978-626-7680-19-3（EPUB）
ISBN：978-626-7680-20-9（PDF）

BOOK REPUBLIC
讀書共和國出版集團